왕 쉬운 베트남어 단어장

- 김연진 지음 -

초 판 인 쇄   2020년 8월 5일

지 은 이   김연진
한 자 감 수   장재혁
원 어 감 수   ECK Education Vietnam

펴 낸 이   임승빈
편 집 책 임   정유항, 최지인
편 집 진 행   이승연
디 자 인   다원기획
일 러 스 트   이나영
마 케 팅   염경용, 임원영, 김소연

펴 낸 곳   ECK북스
주   소   서울시 구로구 디지털로 32가길 16, 401 [08393]
대 표 전 화   02-733-9950
팩   스   02-723-7876
홈 페 이 지   www.eckbooks.kr
이 메 일   eck@eckedu.com
등 록 번 호   제 25100 - 2005 - 000042호
등 록 일 자   2000. 2. 15

I S B N   978-89-92281-98-0
정   가   12,500원

* ECK북스는 (주)이씨케이교육의 도서출판 브랜드로, 외국어 교재를 전문으로 출판합니다.
* 이 책의 모든 내용, 디자인, 이미지 및 구성의 저작권은 ECK북스에 있습니다.
* 출판사와 저자의 사전 허가 없이 이 책의 일부 또는 전부를 복제, 전재, 발췌하면 법적 제재를 받을 수 있습니다.
* 잘못된 책은 구입하신 서점에서 교환해 드립니다.

이 도서의 국립중앙도서관 출판예정도서목록(CIP)은 서지정보유통지원시스템 홈페이지(http://seoji.nl.go.kr)와 국가자료공동목록시스템 (http://www.nl.go.kr/kolisnet)에서 이용하실 수 있습니다. (CIP제어번호 : CIP2020030071)

베트남어의 60~70%는 한자음에서 온 낱말로 되어 있습니다. 중국의 오랜 지배하에 언어문화 역시 한자의 영향을 받았기 때문에 직접 한자를 사용하지는 않지만, 한자음과 비슷한 발음의 단어들이 많습니다. 따라서 한자어에 익숙한 한국인에게 베트남어는 다른 언어에 비해 쉽게 익힐 수 있는 장점이 있습니다. 베트남어의 한국어 뜻이 한자 음가와 비슷해서 쉽게 외울 수 있기 때문입니다.

「왕 쉬운 베트남어 단어장」은 단어들 중 한자음에서 온 베트남어를 한자와 함께 표기하여 친숙한 느낌으로 쉽게 외울 수 있도록 구성했습니다.

● 왕 쉬운 베트남어 단어장 활용법

1. 베트남어를 보고, 음원 파일을 들으며 베트남어를 익힙니다.
2. 눈과 귀로 해당 단어를 학습한 후, 큰 소리로 따라 읽습니다.
3. 한자가 있는 베트남어는 한국어 음가와 비교하며 학습합니다.
4. 단어들을 문장에 적용하여 베트남어 패턴과 어휘를 함께 학습합니다.
5. 낱말 카드를 사용해서 단어들을 복습하고 암기력을 높입니다.
6. 동영상 강의를 보며 추가 설명과 노하우로 학습력을 높입니다.

해당 교재를 통해 쉽고 재미있는 구성으로 베트남어를 포기하지 않고 실력 또한 일취월장(日就月將)하는 학습이 되길 바랍니다.

끝으로 교재 집필의 기회를 주신 ECK교육 임승빈 대표님, 한자 감수에 도움을 주신 동국대학교 장재혁 교수님, 교재 집필에 힘이 되어주신 이승연 실장님에게 감사의 인사를 전합니다. 그리고 저의 사랑스러운 제자들 모두 감사하고 사랑합니다.

지은이 김 연진

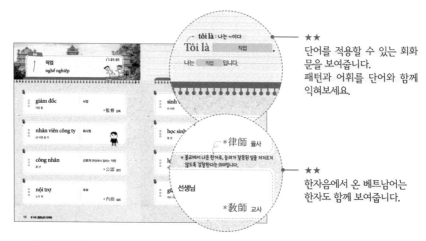

● 단어 익히기

주제별 단어를 한글 발음과 함께 알아봅니다. 단어를 적용할 수 있는 회화문과
한자음에서 온 베트남어의 한자도 같이 학습해 보세요.

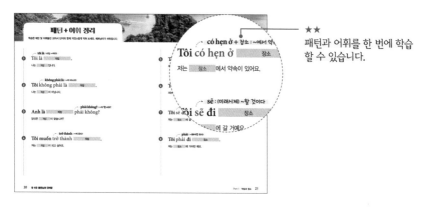

● 패턴+어휘 정리

각 주제별 단어의 적용 가능한 회화문들만 한눈에 볼 수 있도록 모았습니다.
패턴 및 어휘를 집중 공략해 보세요.

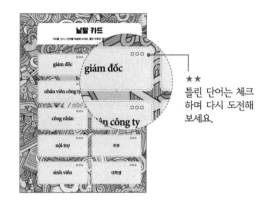

★★
틀린 단어는 체크
하며 다시 도전해
보세요.

 실력 확인

학습한 단어 실력을 확인합
니다.

 낱말 카드

낱말 카드를 접어서 학습한 단어를
복습해 봅니다. 암기력이 높아집니다.

❶

/ 핵심 품사 /			
의문사	무엇, 무슨 gì	누가, 누구 ai	어느, 어떤 nào	어떻게 thế nào
	어디 đâu	언제 khi nào / bao giờ / lúc nào	왜 tại sao / vì sao
	몇 bao nhiêu / mấy	얼마 bao nhiêu	얼마나 bao lâu
조사	~에서	~(으)로	~도	~만

❷

/ 한자 모음 /		
뜻	한자	베트남어
사장	監督 감독	giám đốc
근로자	公認 공인	công nhân
주부	内助 내조	nội trợ
(초, 중, 고) 학생	學生 학생	học sinh
변호사	律師 율사	luật sư

● 꿀팁! 부록

① 핵심 품사 : 핵심 품사만 간략하게 정리되어 있습니다.
② 한자 모음 : 본문에서 배운 한자들만 정리되어 있습니다.

  MP3 다운로드 방법

본 교재의 MP3 파일은 www.eckbooks.kr에서 무료로 다운로드 받을 수 있습니다.

QR코드를 찍으면 다운로드 페이지로 이동합니다.

Part
1

직업과 장소

Bài

1

직업
nghề nghiệp

☐
☐
☐
giám đốc
지암 돕

사장

*監督 감독

☐
☐
☐
nhân viên công ty
년 비엔 꼼 띠

회사원

☐
☐
☐
công nhân
꼼 년

근로자 (현장에서 일하는 직원)

*公認 공인

☐
☐
☐
nội trợ
노이 쩌

주부

*內助 내조

---

tôi là : 나는 ~이다

Tôi là [직업].

나는 [직업] 입니다.

là : ~이다

□
□ **sinh viên**
씬 비엔

대학생

□
□ **học sinh**
헙 씬

(초, 중, 고)
학생

*學生 학생

□
□ **luật sư**
루엇 스

변호사

*律師 율사

＊불교에서 나온 한자로, 승려가 잘못된 일을 저지르지
않도록 검찰한다는 의미입니다.

□
□ **giáo viên**
쟈오 비엔

선생님

*教師 교사

Tôi không phải là [직업   ] .

나는 [직업] 이 아닙니다.

☐
☐ **giáo sư**
쟈오 스

교수

*教授 교수

☐
☐ **giảng viên**
지앙 비엔

강사

*講師 강사

☐
☐ **người giúp việc**
응어이 쥽 비엑

가사 도우미

☐
☐ **lái xe / tài xế**
라이 쌔   따이 쎄

운전기사

TAXI

Anh là [직업] phải không?

당신은 [직업] 이 맞습니까?

□
□
thông dịch viên
통 직 비엔

통역사

*通譯士 통역사

□
□
nhà kinh doanh
냐 끼인 조안

사업가

*茹 (먹을) 여 (nhà)

*經營 경영
(kinh doanh)

* 茹는 '~자'라는 뜻으로 '정치가, 기자, 지도자'와 같이
직업에서 '~을 하는 자'라는 의미로 사용합니다.

□
□
người làm việc tự do
응어이 람 비엑 뜨 저

프리랜서

*自由 자유
(tự do)

□
□
nghệ sĩ
응에 씨

연예인, 예술가

---

trở thành : ~이 되다

Tôi muốn trở thành [직업].

저는 [직업] 이 되고 싶어요.

□
□ **tổng thống**
똠 통

대통령

*總統 총통

□
□ **ca sĩ**
까 씨

가수

*歌手 가수

□
□ **diễn viên**
지엔 비엔

배우

□
□ **bác sĩ**
박 씨

의사

*博士 박사

2 장소
địa điểm

 01-02

☐ **công ty** ☐ 꼼 띠	회사

☐ **trường học** ☐ 쯔엉 헙	학교 *場 (마당) 장 (trường) *學 (배울) 학 (học)

☐ **khách sạn** ☐ 카익 산	호텔

☐ **hiệu sách** (북) 히우 싸익 ☐ **nhà sách** (남) 냐 싹	서점

làm việc : 일하다

Tôi làm việc ở 장소 **.**

저는 장소 에서 일합니다.

ở : ~에서

□
nhà hàng
□
□
냐 항

식당

□
quán ăn / tiệm ăn
□
□
꽌 안   띠엠 안

식당

＊ 베트남 현지 식당을 의미

□
cửa hàng
□
□
끄어 항

상점

□
quán cà phê
□
□
꽌 까 페

커피숍

có hẹn ở + 장소 : ~에서 약속이 있다

Tôi có hẹn ở [장소].

저는 [장소] 에서 약속이 있어요.

có : 있다, hẹn : 약속

☐ **bệnh viện**
☐
베인 비엔

병원

☐ **hiệu thuốc** (북) 히우 투옥
☐
nhà thuốc (남) 냐 투옥

약국

☐ **rạp chiếu phim**
☐
잡 찌에우 핌

영화관

＊照 (비칠) 조
(chiếu)

☐ **trung tâm thương mại**
☐
쭝 떰 트엉 마이

백화점,
무역센터

＊中心 중심
＊商賣 상매

sẽ : (미래시제) ~할 것이다

Tôi sẽ đi 장소 .

저는 장소 에 갈 거예요.

đi : 가다

☐
☐ **ngân hàng**
응언 항

은행

*銀行 은행

☐
☐ **chùa**
쭈어

사원, 절

☐
☐ **nhà thờ**
냐 터

교회

☐
☐ **sân bay**
썬 바이

공항

---

phải : ~해야만 하다

Tôi phải đi [장소].

저는 [장소] 에 가야만 해요.

☐☐☐ **quán rượu**
꾸안 즈어우

술집

☐☐☐ **lãnh sự quán**
란 스 꽌

영사관

*領事館 영사관

☐☐☐ **công viên**
꼼 비엔

공원

☐☐☐ **siêu thị**
씨우 티

마트

패턴 + 어휘 정리

학습한 패턴 및 어휘들만 모아서 단어와 함께 자연스럽게 익혀 보세요. 베트남어가 쉬워집니다.

1

→ **tôi là** : 나는 ~이다

Tôi là 　　직업　　.

나는 　직업　 입니다.

2

→ **không phải là** : ~이 아니다

Tôi không phải là 　　직업　　.

나는 　직업　 이 아닙니다.

3

→ **phải không?** : ~이 맞나요?

Anh là 　　직업　　 phải không?

당신은 　직업　 이 맞습니까?

4

→ **trở thành** : ~이 되다

Tôi muốn trở thành 　　직업　　.

저는 　직업　 이 되고 싶어요.

làm việc : 일하다

5 Tôi làm việc ở [장소   ].

저는 [장소] 에서 일합니다.

có hẹn ở + 장소 : ~에서 약속이 있다

6 Tôi có hẹn ở [장소   ].

저는 [장소] 에서 약속이 있어요.

sẽ : (미래시제) ~할 것이다

7 Tôi sẽ đi [장소   ].

저는 [장소] 에 갈 거예요.

phải : ~해야만 하다

8 Tôi phải đi [장소   ].

저는 [장소] 에 가야만 해요.

실력 확인!

어울리는 '직업과 장소'를 찾아 연결해 보세요.

bác sĩ •

• trường học

sinh viên •

• công ty

học sinh •

• bệnh viện

nhân viên công ty •

낱말 카드

카드를 접어서 단어를 복습해 보세요. 틀린 부분은 체크(☑)하고 다시 도전!

☐☐☐ **giám đốc**	☐☐☐ 사장
☐☐☐ **nhân viên công ty**	☐☐☐ 회사원
☐☐☐ **công nhân**	☐☐☐ 근로자 (현장에서 일하는 직원)
☐☐☐ **nội trợ**	☐☐☐ 주부
☐☐☐ **sinh viên**	☐☐☐ 대학생

học sinh	(초, 중, 고) 학생
luật sư	변호사
giáo viên	선생님
giáo sư	교수
giảng viên	강사
người giúp việc	가사 도우미

lái xe / tài xế	운전기사
thông dịch viên	통역사
nhà kinh doanh	사업가
người làm việc tự do	프리랜서
nghệ sĩ	연예인, 예술가
tổng thống	대통령

ca sĩ	가수
diễn viên	배우
bác sĩ	의사
công ty	회사
trường học	학교
khách sạn	호텔

hiệu sách (북) **nhà sách** (남) ☐☐☐	서점 ☐☐☐
nhà hàng ☐☐☐	식당 ☐☐☐
quán ăn / tiệm ăn ☐☐☐	식당 ☐☐☐ (베트남 현지 식당을 의미)
cửa hàng ☐☐☐	상점 ☐☐☐
quán cà phê ☐☐☐	커피숍 ☐☐☐
bệnh viện ☐☐☐	병원 ☐☐☐

hiệu thuốc (북) **nhà thuốc** (남)	약국
rạp chiếu phim	영화관
trung tâm thương mại	백화점, 무역센터
ngân hàng	은행
chùa	사원, 절
nhà thờ	교회

sân bay □□□	공항 □□□
quán rượu □□□	술집 □□□
lãnh sự quán □□□	영사관 □□□
công viên □□□	공원 □□□
siêu thị □□□	마트 □□□

Part
2

나라와 언어

대륙 / 국적
châu lục / quốc tịch

🎧 02-01

□
□

Châu Á
쩌우 아

아시아

*亞洲 아주

★ 亞洲는 '아세아 주'라는 뜻으로
亞는 Á를, 洲는 châu를 의미합니다.

□
□

Đông Nam Á
동 남 아

동남아시아

*東南亞 동남아

□
□

Châu Âu
쩌우 어우

유럽

*歐洲 구주

★ 歐洲에서 歐는 Âu를, 洲는 Châu를 의미합니다.

□
□

Châu Phi
쩌우 피

아프리카

*阿洲 아주

★ 阿洲에서 阿는 Phi를, 洲는 Châu를 의미합니다.
★ Châu Phi는 Africa의 줄임말입니다.

---

muốn đi : 가고 싶다

Tôi muốn đi du lịch ở [나라].

저는 [나라] 으로 여행을 가고 싶어요.

du lịch : 여행, muốn : 원하다/~고 싶다

Nam Mỹ
남 미

남아메리카

*南美 남미

Bắc Mỹ
박 미

북미

*北美 북미

Châu Mỹ
쩌우 미

아메리카

*美洲 미주

★ 美洲에서 美는 Mỹ를, 洲는 Châu를 의미합니다.

Trung Đông
쭝 동

중동

*中東 중동

nhất định : 반드시 ~해야 하다

Tôi nhất định đi [나라] để công tác.

저는 출장을 위해서 [나라] 에 반드시 가야해요.

để : ~하기 위해서, công tác : 출장 (đi công tác : 출장을 가다)

☐
☐ **Hàn Quốc**
한 꾸옥

한국

*韓國 한국

☐
☐ **Việt Nam**
비엣 남

베트남

*越南 월남

☐
☐ **Trung Quốc**
쭝 꾸옥

중국

*中國 중국

☐
☐ **Nhật Bản**
녓 반

일본

*日本 일본

---

quốc tịch của tôi : 나의 국적

Quốc tịch của tôi là [나라].

나의 국적은 [나라] 입니다.

☐☐☐ **Pháp**
팝

프랑스

☐☐☐ **Nga**
응아

러시아

☐☐☐ **Đức**
득

독일

☐☐☐ **Tây Ban Nha**
떠이 반 냐

스페인

*西班牙 서반아

sẽ đi du học ở : ~에 유학을 갈 것이다

Tôi sẽ đi du học ở 나라 .

저는 나라 으로 유학을 갈 거예요.

sẽ : ~할 것이다, du học : 유학

Mỹ
미
| 미국

Úc
웁
| 호주

Canađa
까나다
| 캐나다

Anh Quốc
아인 꾸옥
| 영국

*英國 영국

phải làm việc : 일해야만 하다
một thời gian : 당분간

Tôi phải làm việc ở 나라 **một thời gian.**

저는 나라 에서 당분간 일해야만 해요.

phải : 반드시, làm việc : 일하다

☐
☐ **Campuchia** 캄보디아
깜뿌찌아

☐
☐ **Lào** 라오스
라오

☐
☐ **Thái Lan** 태국
타이 란

☐
☐
☐ **Đài Loan** 대만
다이 로안

*臺灣 대만

2

사람 / 언어
con người / ngôn ngữ

🎧 02-02

☐
☐

người Việt Nam

응어이 비엣 남

베트남 사람

☐
☐

người Hàn Quốc

응어이 한 꾸옥

한국 사람

☐
☐

người Anh

응어이 아인

영국 사람

*英人 영인

☐
☐

người Hoa

응어이 호아

화교

*華 화
(Hoa)

---

tôi biết + 대상 : 나는 ~을 알다

Tôi biết 사람 / 언어 .

저는 사람 / 언어 를 알아요.

biết : 알다

□
□ **tiếng Việt**
□ 띠엥 비엣

베트남어

□
□ **tiếng Hàn**
□ 띠엥 한

한국어

□
□ **tiếng Anh**
□ 띠엥 아인

영어

□
□ **Hán tự**
□ 한 뜨

한자

*漢字 한자

패턴 + 어휘 정리

학습한 패턴 및 어휘들만 모아서 단어와 함께 자연스럽게 익혀 보세요. 베트남어가 쉬워집니다.

1

→ **muốn đi** : 가고 싶다

Tôi muốn đi du lịch ở [나라].

저는 [나라]으로 여행을 가고 싶어요.

2

→ **nhất định** : 반드시 ~해야 하다

Tôi nhất định đi [나라] để công tác.

저는 출장을 위해서 [나라]에 반드시 가야해요.

3

→ **quốc tịch của tôi** : 나의 국적

Quốc tịch của tôi là [나라].

나의 국적은 [나라]입니다.

4

→ **sẽ đi du học ở** : ~에 유학을 갈 것이다

Tôi sẽ đi du học ở [나라].

저는 [나라]으로 유학을 갈 거예요.

5 〔→ **phải làm việc** : 일해야만 하다 〔→ **một thời gian** : 당분간

Tôi phải làm việc ở 〔나라〕 một thời gian.

저는 〔나라〕에서 당분간 일해야만 해요.

6 〔→ **tôi biết** + 대상 : 나는 ~을 알다

Tôi biết 〔사람 / 언어〕.

저는 〔사람 / 언어〕를 알아요.

실력 확인!

물지 마!
뭐래~

동남아시아 나라를 찾아보세요.

Hàn Quốc
Mỹ
Lào
Nhật Bản
Việt Nam
Canađa
Thái Lan
Campuchia

정답

Việt Nam / Lào / Thái Lan / Campuchia

낱말 카드

카드를 접어서 단어를 복습해 보세요. 틀린 부분은 체크(☑)하고 다시 도전!

Châu Á □ □ □	아시아 □ □ □
Đông Nam Á □ □ □	동남아시아 □ □ □
Châu Âu □ □ □	유럽 □ □ □
Châu Phi □ □ □	아프리카 □ □ □
Nam Mỹ □ □ □	남아메리카 □ □ □

Bắc Mỹ	북미
Châu Mỹ	아메리카
Trung Đông	중동
Hàn Quốc	한국
Việt Nam	베트남
Trung Quốc	중국

Nhật Bản □□□		일본 □□□		

Nhật Bản ☐☐☐

일본 ☐☐☐

Pháp ☐☐☐

프랑스 ☐☐☐

Nga ☐☐☐

러시아 ☐☐☐

Đức ☐☐☐

독일 ☐☐☐

Tây Ban Nha ☐☐☐

스페인 ☐☐☐

Mỹ ☐☐☐

미국 ☐☐☐

Úc	호주
Canađa	캐나다
Anh Quốc	영국
Campuchia	캄보디아
Lào	라오스
Thái Lan	태국

Đài Loan	대만
người Việt Nam	베트남 사람
người Hàn Quốc	한국 사람
người Anh	영국 사람
người Hoa	화교
tiếng Việt	베트남어

tiếng Hàn	한국어
tiếng Anh	영어
Hán tự	한자

Part

3

숫자와 기간

숫자 / 시간 / 요일 / 월
con số / thời gian / thứ / tháng

● 숫자 con số

không 컹 0	**một** 못 1	**hai** 하이 2	**ba** 바 3
bốn 본 4	**năm** 남 5	**sáu** 싸우 6	**bảy** 바이 7
tám 땀 8	**chín** 찐 9	**mười** 므어이 10	**mười lăm** 므어이 람 15

✶ '15, 25, 35 …'의 5는
'lăm'이라고 읽음

hai mươi
하이 므어이
20

hai mươi mốt
하이 므어이 못
21

✶ 20부터의 '십'은
'mươi'를 사용

✶ '21, 31, 41 …'의 1은
'mốt'을 사용

천 : nghìn

백만 : triệu

10,000 = mười nghìn = 1만   10,000,000 = mười triệu = 천만

십(10) : mười   십(10) : mười

một trăm	một nghìn (북) 못 응인	mười nghìn (북) 므어이 응인
못 짬	một ngàn (남) 못 응안	mười ngàn (남) 므어이 응안
100(백)	1,000(천)	10,000(만)

101, 102…909의 경우, 「숫자+linh/lẻ+숫자」 순서로 읽으며, 1,000~9,000도 마찬가지입니다. **linh/lẻ**는 십의 자리 숫자가 0일 때, **không trăm**은 백의 자리 숫자가 0일 때 사용합니다. * linh (북부), lẻ (남부) 사용

105 : một trăm linh(lẻ) năm

215 : hai trăm mười lăm

2020 : hai nghìn(ngàn) không trăm hai mươi

6041 : sáu nghìn(ngàn) không trăm bốn mươi mốt

một trăm nghìn (북) 못 짬 응인	một triệu	mười triệu
một trăm ngàn (남) 못 짬 응안	못 쩌에우	므어이 쩌에우
100,000 (십만)	1,000,000 (백만)	10,000,000 (천만)

mấy giờ? : 몇 시?

Bây giờ là mấy giờ?

지금 몇 시예요?

bây giờ : 지금

● 서수 số thứ tự

thứ nhất 트 녓 첫 번째	thứ hai 트 하이 두 번째	thứ ba 트 바 세 번째	thứ tư 트 뜨 네 번째	thứ năm 트 남 다섯 번째
thứ sáu 트 싸우 여섯 번째	thứ bảy 트 바이 일곱 번째	thứ tám 트 땀 여덟 번째	thứ chín 트 찐 아홉 번째	thứ mười 트 므어이 열 번째

● 시간 thời gian

giờ 지어 시	phút 풋 분	giây 지어이 초	tiếng 띠엥 시간	đúng 둥 정각

오전 : sáng 쌍	정오/점심 : trưa 쯔어	오후 : chiều 찌에우	저녁 : tối 또이	밤 : đêm 뎀

오전 8시 : 8 giờ sáng

정오 12시 정각 : đúng 12 giờ trưa

저녁 9시 5분 전 : 9 giờ kém 5 phút tối

52 왕 쉬운 베트남어 단어장

hôm nay là : 오늘은 ~이다

Hôm nay là ⬜⬜⬜ 요일 .

오늘은 요일 입니다.

hôm nay : 오늘

● 요일 thứ

thứ hai	thứ ba	thứ tư	thứ năm
트 하이	트 바	트 뜨	트 남
월요일	화요일	수요일	목요일

thứ sáu	thứ bảy	chủ nhật
트 싸우	트 바이	쭈 녓
금요일	토요일	일요일

● 월 tháng

1월	tháng một 탕 못	7월	tháng bảy 탕 바이
2월	tháng hai 탕 하이	8월	tháng tám 탕 땀
3월	tháng ba 탕 바	9월	tháng chín 탕 찐
4월	tháng tư 탕 뜨	10월	tháng mười 탕 므어이
5월	tháng năm 탕 남	11월	tháng mười một 탕 므어이 못
6월	tháng sáu 탕 싸우	12월	tháng mười hai 탕 므어이 하이

Bài 2 기간
thời hạn

 🎧 03-02

☐☐☐ **hôm kia** 홈 끼어	그저께

☐☐ **hôm qua** 홈 꾸아	어제

☐☐ **hôm nay** 홈 나이	오늘

☐☐ **ngày mai** 응아이 마이	내일

làm gì : 무엇하다

기간 **em làm gì ở nhà?**

너는 기간 집에서 뭐하니?

nhà : 집

□ □ □ **ngày kia** 내일모레
응아이 끼어

□ □ □ **suốt ngày / cả ngày** 하루 종일
쑤옷 응아이   까 응아이

□ □ □ **mỗi ngày / hàng ngày** 매일
모이 응아이   항 응아이

□ □ □ **cuối tuần** 주말
꾸오이 뚜언

→ đăng ký : 등록하다

Tôi đăng ký vào [기간].

저는 [기간] 에 등록해요.

☐
☐
☐
tuần trước   지난주
뚜언 쯔억

☐
☐
☐
tuần này   이번 주
뚜언 나이

☐
☐
☐
tuần sau   다음 주
뚜언 싸우

☐
☐
☐
tháng trước   지난달
탕 쯔억

vào : ~에

Tôi đi du lịch vào ⬚ 기간 .

저는 ⬚ 기간 에 여행을 가요.

□□ **tháng này**
탕 나이

이번 달

□□ **tháng sau**
탕 싸우

다음 달

□□ **năm trước**
남 쯔억

작년

*年 (해) 년
(năm)

□□ **năm nay**
남 나이

올해

패턴 + 어휘 정리

학습한 패턴 및 어휘들만 모아서 단어와 함께 자연스럽게 익혀 보세요. 베트남어가 쉬워집니다.

1

mấy giờ? : 몇 시?

Bây giờ là mấy giờ?

지금 몇 시예요?

2

hôm nay là : 오늘은 ~이다

Hôm nay là [요일].

오늘은 [요일] 입니다.

3

làm gì : 무엇하다

[기간] em làm gì ở nhà?

너는 [기간] 집에서 뭐하니?

4

đăng ký : 등록하다

Tôi đăng ký vào [기간].

저는 [기간] 에 등록해요.

5

vào : ~에

Tôi đi du lịch vào [기간].

저는 [기간] 에 여행을 가요.

실력 확인!

빈칸을 채워 단어를 완성해 보세요.

☐	☐	mười ☐	
1	**10**	**15**	

hai ☐
20

hai mươi ☐
21

☐ nay
오늘

chủ ☐
일요일

thứ ☐
첫 번째

☐
(시간) **시**

정답
1 : một / 10 : mười / 15 : mười lăm / 20 : hai mươi / 21 : hai mươi mốt
오늘 : hôm nay / 일요일 : chủ nhật / 첫 번째 : thứ nhất / 시 : giờ

그림을 보고 시간을 읽어 보세요.

정답
2시 5분 : 2 giờ 5 phút / 7시 : 7 giờ / 5시 : 5 giờ / 10시 20분 : 10 giờ 20 phút

낱말 카드

카드를 접어서 단어를 복습해 보세요. 틀린 부분은 체크(☑)하고 다시 도전!

không ☐☐☐	0 ☐☐☐
một ☐☐☐	1 ☐☐☐
hai ☐☐☐	2 ☐☐☐
ba ☐☐☐	3 ☐☐☐
bốn ☐☐☐	4 ☐☐☐

năm	5
sáu	6
bảy	7
tám	8
chín	9
mười	10

thứ nhất □□□	첫 번째 □□□
thứ hai □□□	두 번째 □□□
thứ ba □□□	세 번째 □□□
thứ tư □□□	네 번째 □□□
thứ năm □□□	다섯 번째 □□□
thứ sáu □□□	여섯 번째 □□□

thứ bảy	일곱 번째
thứ tám	여덟 번째
thứ chín	아홉 번째
thứ mười	열 번째
giờ	시
phút	분

giây □□□	초 □□□
tiếng □□□	시간 □□□
đúng □□□	정각 □□□
sáng □□□	오전 □□□
trưa □□□	정오/점심 □□□
chiều □□□	오후 □□□

tối	저녁
đêm	밤
thứ hai	월요일
thứ ba	화요일
thứ tư	수요일
thứ năm	목요일

thứ sáu □ □ □	금요일 □ □ □
thứ bảy □ □ □	토요일 □ □ □
chủ nhật □ □ □	일요일 □ □ □
hôm kia □ □ □	그저께 □ □ □
hôm qua □ □ □	어제 □ □ □
hôm nay □ □ □	오늘 □ □ □

ngày mai	내일
ngày kia	내일모레
suốt ngày / cả ngày	하루 종일
mỗi ngày / hàng ngày	매일
cuối tuần	주말
tuần trước	지난주

tuần này □ □ □	이번 주 □ □ □
tuần sau □ □ □	다음 주 □ □ □
tháng trước □ □ □	지난달 □ □ □
tháng này □ □ □	이번 달 □ □ □
tháng sau □ □ □	다음 달 □ □ □
năm trước □ □ □	작년 □ □ □
năm nay □ □ □	올해 □ □ □

그림을 완성해 보세요.

Bài

1

인칭대명사
đại từ nhân xưng

 🎧 04-01

☐
☐
☐
tôi
또이

나

☐
☐
☐
anh
아인

손윗사람 (남자)

☐
☐
chị
찌

손윗사람 (여자)

☐
☐
☐
anh ấy
아인 어이

그 남자

＊3인칭

---

mới ~ rồi : 방금 ~했다

인칭대명사 **mới ăn cơm rồi.**

인칭대명사   는 방금 밥을 먹었어요.

mới : 방금/막, rồi : 완료

chị ấy
찌 어이

그 여자

＊3인칭

em
앰

동생, 나

＊손아랫사람, 남녀 구분 없이
자신 스스로를 칭할 때

bạn
반

당신, 친구

cậu
꺼우

너

＊상대가 친구 또는
아랫사람일 때

bàn bạc : 상의하다, 토의하다

Tôi muốn bàn bạc với 인칭대명사 ạ.

저는 인칭대명사 와 상의하고 싶어요.

□
□ **thầy / thầy giáo**   남자 선생님
□ 터이   터이 자오

□
□ **cô / cô giáo**   여자 선생님
□ 꼬   꼬 자오

□
□ **ông**   할아버지
□ 옴

□
□ **bà**   할머니
□ 바

trông ~ : ~처럼 보이다

인칭대명사 **của tôi trông rất trẻ.**

우리 인칭대명사 는 굉장히 동안이세요.

trẻ : 어린

☐☐☐	**bố / ba / cha** 보　　바　　짜	아버지

☐☐☐	**mẹ / má** 매　　마	어머니

☐☐☐	**chồng** 쫌	남편

☐☐☐	**vợ** 붜	아내

rất thích : 매우 좋아하다

인칭대명사 **tôi rất thích ăn hoa quả.**

우리 인칭대명사 는 과일을 매우 좋아해요.

hoa quả (북)/**trái cây** (남) : 과일

□
□ **vợ chồng**　　　　　　부부
　 붜 쫌

□
□ **anh chị em**　　　　　형제자매
□ 아인 찌 앰

□
□ **anh trai**　　　　　　형, 오빠
□ 아인 짜이

□
□ **chị gái**　　　　　　　누나, 언니
□ 찌 가이

Hôm nay bạn sẽ gặp [인칭대명사] không?

không? : ~해요?, ~이에요?

오늘 당신은 [인칭대명사] 를 만날 거예요?

sẽ gặp : 만날 것이다

☐
☐ **em trai**
☐ 앰 짜이

남동생

☐
☐ **em gái**
☐ 앰 가이

여동생

☐
☐ **con trai**
☐ 껀 짜이

아들

☐
☐ **con gái**
☐ 껀 가이

딸

---

tôn trọng : 존중하다

Tôi rất tôn trọng [인칭대명사].

저는 [인칭대명사] 를 존중해요.

☐
☐ **bác**
☐ 박

큰아버지,
큰어머니

✽ 부모님보다 나이가
많은 남자 / 여자

☐
☐ **chú**
☐ 쭈

작은아버지,
삼촌, 아저씨

✽ 부모님보다 나이가
적은 남자

☐
☐ **cháu**
☐ 짜우

조카,
어린아이

☐
☐ **con**
☐ 껀

자녀,
어린아이

---

sẽ đi chơi : 놀러 갈 것이다

Tôi sẽ đi chơi với 인칭대명사 vào cuối tuần.

주말에 나는 인칭대명사 과 놀러 갈 거예요.

chơi : 놀다

người yêu

응어이 이우

애인

*愛人 애인

* yêu (사랑하다) = 愛

bạn trai

반 짜이

남자친구

bạn gái

반 가이

여자친구

bạn trai cũ

반 짜이 꾸

전 남자친구

ước gì : ~하면 좋겠다

Ước gì 우리 gần gũi nhau hơn.

우리 가 더 서로 가까워졌으면 좋겠어요.

gần gũi : 친밀한, **nhau** : 서로, **hơn** : 더

□
□
chúng ta
쭘 따

우리

∗ 청자 포함

□
□
chúng tôi
쭘 또이

우리

∗ 청자 불포함

□
□
chúng em
쭘 앰

우리

∗ 연장자에게 말할 때
집단을 낮춰서 말함

□
□
chúng mình
쭘 미인

우리

∗ 부부, 연인 관계에서 사용

gia đình của tôi : 나의 가족

Gia đình của tôi có 5 (năm) người là ông, bà, bố, mẹ và tôi.

우리 가족은 할아버지, 할머니, 아버지, 어머니 그리고 저 이렇게 5명입니다.

● 가족도 한 눈에 보기

ông nội 할아버지	**bà nội** 할머니	**ông ngoại** 외할아버지	**bà ngoại** 외할머니

bác 큰아버지 /큰어머니	**bố** 아버지	**chú** 작은아버지 /삼촌	**mẹ** 어머니	**cậu** 외삼촌	**dì** 이모

anh trai 형/오빠	**Tôi** 나	**em trai** 남동생
chị gái 언니/누나		**em gái** 여동생

trai : 남자, **gái** : 여자

패턴 + 어휘 정리

학습한 패턴 및 어휘들만 모아서 단어와 함께 자연스럽게 익혀 보세요. 베트남어가 쉬워집니다.

1
mới ~ rồi : 방금 ~했다
인칭대명사 **mới ăn cơm rồi.**

인칭대명사 는 방금 밥을 먹었어요.

2
bàn bạc : 상의하다, 토의하다
Tôi muốn bàn bạc với 인칭대명사 **ạ.**

저는 인칭대명사 와 상의하고 싶어요.

3
trông ~ : ~처럼 보이다
인칭대명사 **của tôi trông rất trẻ.**

우리 인칭대명사 는 굉장히 동안이세요.

4
rất thích : 매우 좋아하다
인칭대명사 **tôi rất thích ăn hoa quả.**

우리 인칭대명사 는 과일을 매우 좋아해요.

5
không? : ~해요?, ~이에요?
Hôm nay bạn sẽ gặp 인칭대명사 **không?**

오늘 당신은 인칭대명사 를 만날 거예요?

6

↗ **tôn trọng** : 존중하다

Tôi rất tôn trọng 인칭대명사 .

저는 인칭대명사 를 존중해요.

7

↗ **sẽ đi chơi** : 놀러 갈 것이다

Tôi sẽ đi chơi với 인칭대명사 vào cuối tuần.

주말에 나는 인칭대명사 과 놀러 갈 거예요.

8

↗ **ước gì** : ~하면 좋겠다

Ước gì 우리 gần gũi nhau hơn.

우리 가 더 서로 가까워졌으면 좋겠어요.

9

↗ **gia đình của tôi** : 나의 가족

Gia đình của tôi có 5 (năm) người là ông, bà, bố, mẹ và tôi.

우리 가족은 할아버지, 할머니, 아버지, 어머니 그리고 저 이렇게 5명입니다.

실력 확인!

나를 중심으로 '가족' 인칭대명사를 찾아보세요.

bố

người yêu

cô giáo

em trai

con trai

tôi

bà

thầy giáo

chị ấy

chị gái

정답

bố / em trai / con trai / chị gái / bà

낱말 카드

카드를 접어서 단어를 복습해 보세요. 틀린 부분은 체크(☑)하고 다시 도전!

☐☐☐ tôi	☐☐☐ 나
☐☐☐ anh	☐☐☐ 손윗사람 (남자)
☐☐☐ chị	☐☐☐ 손윗사람 (여자)
☐☐☐ anh ấy	☐☐☐ 그 남자
☐☐☐ chị ấy	☐☐☐ 그 여자

자르는 선

접는 선

em	동생, 나
bạn	당신, 친구
cậu	너
thầy / thầy giáo	남자 선생님
cô / cô giáo	여자 선생님
ông	할아버지

bà	할머니
bố / ba / cha	아버지
mẹ / má	어머니
chồng	남편
vợ	아내
vợ chồng	부부

anh chị em	형제자매
anh trai	형, 오빠
chị gái	누나, 언니
em trai	남동생
em gái	여동생
con trai	아들

con gái	딸
bác	큰아버지, 큰어머니
chú	작은아버지, 삼촌, 아저씨
cháu	조카, 어린아이
con	자녀, 어린아이
người yêu	애인

bạn trai	남자친구
bạn gái	여자친구
bạn trai cũ	전 남자친구
chúng ta chúng tôi	우리 (청자 포함) 우리 (청자 불포함)
chúng em	우리 (연장자에게 말할 때 집단을 낮춰서 말함)
chúng mình	우리 (부부, 연인 관계에서 사용)

Part
5

취미

취미
sở thích

05-01

□
□
tập thể dục
떱 테 죱

운동을 하다

*體育 체육
(thể dục)

□
□
sơn móng tay
썬 몽 따이

네일아트를 하다

□
□
nhảy
냐이

춤을 추다

□
□
lái xe
라이 쌔

드라이브를 하다

---

sở thích của : ~의 취미는

Sở thích của tôi là [취미].

나의 취미는 [취미] 예요.

của : ~의

☐
☐
☐
đi dạo
디 자오

산책을 하다

☐
☐
☐
nghe nhạc
응애 냑

음악을 듣다

*樂 (즐거울) 락
(nhạc)

☐
☐
☐
chụp ảnh/hình
쭙 아인/히인

사진을 찍다

☐
☐
☐
xem phim
쌤 핌

영화를 보다

trong những : ~들 중에서

Trong những môn thể thao, tôi thích ⬜취미⬜ nhất.

스포츠들 중에서, 저는 ⬜취미⬜ 하는 것을 가장 좋아해요.

trong : ~ 중에서, **những** : ~들, **thể thao** : 스포츠, **nhất** : 가장

☐
☐ **chơi bóng rổ**
쩌이 봉 조

농구를 하다

☐
☐ **chơi bóng đá**
쩌이 봉 다

축구를 하다

☐
☐ **chơi bóng chày**
쩌이 봉 짜이

야구를 하다

☐
☐ **bơi**
버이

수영을 하다

---

nếu : 만약

Nếu tôi ở nhà, tôi thường [취미] .

만약 제가 집에 있으면, 저는 보통 [취미] 해요.

ở nhà : 집에, **thường** : 보통

☐
☐ **dọn dẹp**
존 잽

청소하다

☐
☐ **nấu ăn**
너우 안

요리를 하다

☐
☐ **đọc sách**
돕 싸익

독서하다

*讀書 독서

☐
☐ **học ngôn ngữ**
홉 응온 응으

언어공부를 하다
*學 (배울) 학 (học) /
*言語 언어 (ngôn ngữ)

khi tôi ~ : 내가 ~할 때

Khi tôi buồn, tôi thường ⬚ 취미 ⬚ .

저는 우울할 때, 저는 보통 ⬚ 취미 ⬚ 를 해요.

khi : ~할 때, **buồn** : 우울한/슬픈

☐☐☐ **uống rượu**
우옹 즈어우

술을 마시다

☐☐☐ **đi mua sắm**
디 무어 쌈

쇼핑을 가다

☐☐☐ **đi du lịch**
디 주 리익

여행을 가다

☐☐☐ **hát**
핫

노래를 부르다

→ **chắc là** : 아마

Chắc là em ấy thích [취미].

아마 걔는 [취미] 를 좋아할 거예요.

☐☐☐
tìm trên mạng
띰 쩬 망

인터넷을 하다

☐☐☐
tìm nhà hàng ngon
띰 냐 항 응언

맛집을 찾다

☐☐☐
tự sướng
뜨 스엉

셀카를 찍다

☐☐☐
đi bộ
디 보

걷다

hanh phúc : 행복한

Khi tôi ⬚취미⬚, tôi hạnh phúc nhất.

내가 ⬚취미⬚ 을 할 때, 나는 가장 행복해요.

□
□ **trượt tuyết**
□
쯔엇 뚜옛

스키를 타다

□
□ **chơi bi-a**
□
쩌이 비아

당구를 치다

□
□ **vẽ tranh**
□
배 짜인

그림을 그리다

□
□ **đánh piano**
□
다인 피아노

피아노를 치다

---

chỉ : 단지 ~만

Em ấy chỉ thích [취미].

걔는 단지 [취미] 만 좋아해요.

□□□ **chơi game**
쩌이 게임

게임을 하다

□□□ **chạy bộ**
짜이 보

조깅을 하다

□□□ **sưu tập**
스우 떱

수집하다

□□□ **xem phim truyền hình**
쌤 핌 쭈옌 히인

드라마를 보다

패턴 + 어휘 정리

학습한 패턴 및 어휘들만 모아서 단어와 함께 자연스럽게 익혀 보세요. 베트남어가 쉬워집니다.

1 ↪ **sở thích của** : ~의 취미는
Sở thích của **tôi là** [취미] .

나의 취미는 [취미] 예요.

2 ↪ **trong những** : ~들 중에서
Trong những **môn thể thao, tôi thích** [취미] **nhất.**

스포츠들 중에서, 저는 [취미] 하는 것을 가장 좋아해요.

3 ↪ **nếu** : 만약
Nếu **tôi ở nhà, tôi thường** [취미] .

만약 제가 집에 있으면, 저는 보통 [취미] 해요.

4 ↪ **khi tôi ~** : 내가 ~할 때
Khi tôi **buồn, tôi thường** [취미] .

저는 우울할 때, 저는 보통 [취미] 를 해요.

chắc là : 아마

⑤ Chắc là **em ấy thích** 취미 .

아마 걔는 취미 를 좋아할 거예요.

hạnh phúc : 행복한

⑥ Khi tôi 취미 , tôi hạnh phúc **nhất**.

내가 취미 을 할 때, 나는 가장 행복해요.

chỉ : 단지 ~만

⑦ Em ấy chỉ thích 취미 .

걔는 단지 취미 만 좋아해요.

실력 확인!

'취미'에 관련된 단어를 찾아서 미로를 탈출해 보세요.

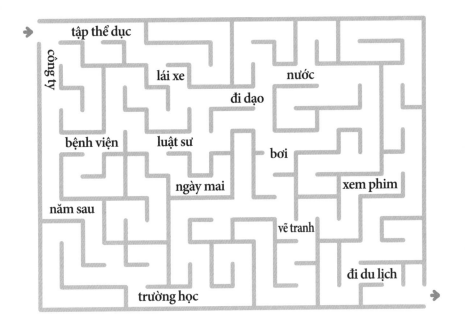

정답

tập thể dục / lái xe / đi dạo / bơi / vẽ tranh / xem phim / đi du lịch

낱말 카드

카드를 접어서 단어를 복습해 보세요. 틀린 부분은 체크(☑)하고 다시 도전!

tập thể dục ☐☐☐	운동을 하다 ☐☐☐
sơn móng tay ☐☐☐	네일아트를 하다 ☐☐☐
nhảy ☐☐☐	춤을 추다 ☐☐☐
lái xe ☐☐☐	드라이브를 하다 ☐☐☐
đi dạo ☐☐☐	산책을 하다 ☐☐☐

nghe nhạc	음악을 듣다
chụp ảnh/hình	사진을 찍다
xem phim	영화를 보다
chơi bóng rổ	농구를 하다
chơi bóng đá	축구를 하다
chơi bóng chày	야구를 하다

bơi	수영을 하다
dọn dẹp	청소하다
nấu ăn	요리를 하다
đọc sách	독서하다
học ngôn ngữ	언어공부를 한다
uống rượu	술을 마시다

đi mua sắm	쇼핑을 가다
đi du lịch	여행을 가다
hát	노래를 부르다
tìm trên mạng	인터넷을 하다
tìm nhà hàng ngon	맛집을 찾다
tự sướng	셀카를 찍다

đi bộ	걷다
trượt tuyết	스키를 타다
chơi bi-a	당구를 치다
vẽ tranh	그림을 그리다
đánh piano	피아노를 치다
chơi game	게임을 하다

chạy bộ	조깅을 하다
sưu tập	수집하다
xem phim truyền hình	드라마를 보다

과목/전공과 업무

Bài

1

과목 / 전공
môn học / chuyên ngành

☐☐☐ **văn học**
반 홉

문학

*文學 문학

☐☐☐ **lịch sử**
리익 스

역사

*歷史 역사

☐☐☐ **triết học**
찌엣 홉

철학

*哲學 철학

☐☐☐ **xã hội**
싸 호이

사회

*社會 사회

Tôi rất thích môn   ↱ **môn** : 과목

저는   과목   과목을 매우 좋아해요.

□
□ **toán**
□ 또안

수학

*算 (셈) 산

□
□ **khoa học**
□ 콰 흡

과학

*科學 과학

□
□ **đạo đức**
□ 다오 득

도덕

*道德 도덕

□
□ **văn hóa**
□ 반 호아

문화

*文化 문화

Chuyên ngành của em là [과목].

저의 전공은 [과목] 입니다.

☐
☐
☐

kinh tế   경제

끼인 떼

*經濟 경제

☐
☐
☐

kinh doanh   경영

끼인 조안

*經營 경영

☐
☐
☐

chính trị   정치

찌인 찌

*政法 정법

☐
☐
☐

thương mại   무역

트엉 마이

*商賣 상매

Tôi đã học về **về ~ : ~에 대해서** 과목 .

저는 과목 에 대해서 공부했습니다.

hành chính
하인 찌인

행정

*行政 행정

kế toán
께 또안

회계

*計算 계산

luật học
루엇 홉

법학

*律學 율학

kiến trúc
끼엔 쭙

건축

*建策 건책

nếu ~ thì : 만약 ~면

Nếu có dịp thì tôi muốn học về [과목].

만약 기회가 된다면 저는 [과목] 에 대해서 공부하고 싶습니다.

cơ hội = dịp : 기회

☐
☐
☐

Anh ngữ
아인 응으

영문

*英語 영어

☐
☐
☐

quốc tế
꾸옥 떼

국제

*國際 국제

☐
☐
☐

lưu thông
르우 톰

물류, 유통

*流通 유통

☐
☐
☐

thời trang
터이 짱

패션

*時裝 시장

업무
công việc

 06-02

đi làm
디 람

출근하다

đi công tác
디 꼼 딱

출장가다

làm đêm
람 뎀

야근하다

tan ca / tan làm
딴 까   딴 람

퇴근하다

□ □	**về hưu** (북) 베 흐우 **nghỉ hưu** (남) 응이 흐우	은퇴하다

□ □ □	**nhận lương** 년 르엉	월급을 받다

□ □ □	**phỏng vấn** 펑 번	면접을 보다

□ □ □	**tuyển nhân viên** 뚜옌 년 비엔	직원 채용을 하다 ＊選人 선인

cẩn + 업무 : ~이 필요하다

Tôi cẩn [업무].

저는 [업무] 이 필요해요.

cẩn : 필요하다

□
□
□
bản giới thiệu về mình | 자기소개서
반 지어이 티에우 베 미인

*紹介 소개
(giới thiệu)

□
□
□
hồ sơ xin việc | 이력서
호 서 씬 비엑

□
□
□
kinh nghiệm | 경력
끼인 응이엠

*經驗 경험

□
□
□
văn phòng cá nhân | 개인 사무실
반 펑 까 년

*文房個人
문방개인

đã ~ bao giờ chưa? : ~ 해본 적 있나요?

Anh đã 　　업무　　 bao giờ chưa?

당신은 　업무　 해본 적 있어요?

□
□
□
xuất khẩu
쑤엇 커우

수출하다

*出口 출구

□
□
□
nhập khẩu
녑 커우

수입하다

*入口 입구

□
□
□
báo cáo
바오 까오

보고하다

*報告 보고

□
□
□
ký hợp đồng
끼 헙 동

계약하다

*記 (기록할) 기 (ký)
*合同 합동(hợp đồng)

---

chuẩn bị : 준비하다

Em đã chuẩn bị 업무 chưa?

너는 업무 준비가 되었니?

□
□
□

sản phẩm
산 펌

상품

*産品 산품

□
□
□

hàng hóa
항 호아

물품

*行貨 행화

□
□
□

tài liệu
따이 리에우

서류

*材料 재료

□
□
□

bản kế hoạch
반 께 호악

계획서

*版 (판목) 판 (bản)
*計劃 계획 (kế hoạch)

패턴 + 어휘 정리

학습한 패턴 및 어휘들만 모아서 단어와 함께 자연스럽게 익혀 보세요. 베트남어가 쉬워집니다.

1 môn : 과목

Tôi rất thích môn [과목].

저는 [과목] 과목을 매우 좋아해요.

2 chuyên ngành : 전공

Chuyên ngành của em là [과목].

저의 전공은 [과목] 입니다.

3 về ~ : ~에 대해서

Tôi đã học về [과목].

저는 [과목] 에 대해서 공부했습니다.

4 nếu ~ thì : 만약 ~면

Nếu có dịp thì tôi muốn học về [과목].

만약 기회가 된다면 저는 [과목] 에 대해서 공부하고 싶습니다.

5 Anh đã 업무 chưa?

> đã ~ chưa? : ~ 했나요?

당신은 업무 했나요?

6 Tôi cần 업무.

> cần + 업무 : ~이 필요하다

저는 업무 이 필요해요.

7 Anh đã 업무 bao giờ chưa?

> đã ~ bao giờ chưa? : ~ 해본 적 있나요?

당신은 업무 해본 적 있어요?

8 Em đã chuẩn bị 업무 chưa?

> chuẩn bị : 준비하다

너는 업무 준비가 되었니?

실력 확인!

한자로 된 단어를 찾아보세요.

văn học

phỏng vấn

chính trị

kinh tế

đi làm

thương mại

tan ca

kiến trúc

làm đêm

kinh nghiệm

낱말 카드

카드를 접어서 단어를 복습해 보세요. 틀린 부분은 체크(☑)하고 다시 도전!

văn học ☐☐☐	문학 ☐☐☐
lịch sử ☐☐☐	역사 ☐☐☐
triết học ☐☐☐	철학 ☐☐☐
xã hội ☐☐☐	사회 ☐☐☐
toán ☐☐☐	수학 ☐☐☐

khoa học	과학
đạo đức	도덕
văn hóa	문화
kinh tế	경제
kinh doanh	경영
chính trị	정치

thương mại □□□	무역 □□□
hành chính □□□	행정 □□□
kế toán □□□	회계 □□□
luật học □□□	법학 □□□
kiến trúc □□□	건축 □□□
Anh ngữ □□□	영문 □□□

quốc tế	국제
lưu thông	물류, 유통
thời trang	패션
đi làm	출근하다
đi công tác	출장가다
làm đêm	야근하다

tan ca / tan làm □□□	퇴근하다 □□□
về hưu (북) nghỉ hưu (남) □□□	은퇴하다 □□□
nhận lương □□□	월급을 받다 □□□
phỏng vấn □□□	면접을 보다 □□□
tuyển nhân viên □□□	직원 채용을 하다 □□□
bản giới thiệu về mình □□□	자기소개서 □□□

hồ sơ xin việc	이력서
kinh nghiệm	경력
văn phòng cá nhân	개인 사무실
xuất khẩu	수출하다
nhập khẩu	수입하다
báo cáo	보고하다

ký hợp đồng	계약하다
sản phẩm	상품
hàng hóa	물품
tài liệu	서류
bản kế hoạch	계획서

번호에 맞는 색으로 그림을 완성해 보세요.

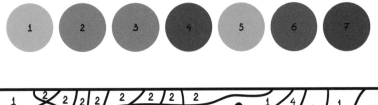

Part
7

기분과 성격

Bài 1

기분 / 성격
tâm trạng / tính cách

 07-01

sợ 써	무서운

hạnh phúc 하인 푹	행복한 *幸福 행복

thích 티익	좋아하다

yêu 이우	사랑하다

Hôm nay tôi [기분] quá!

~ quá : (감탄사) 매우 ~!

오늘 나는 매우 [기분] 해!

quá : 매우 (감탄사로 많이 사용)

□ □ □	**vui** 부이	기쁜

□ □ □	**buồn** 부온	슬픈

□ □ □	**giận** 지언	화난

□ □ □	**tức / bực mình** 뜩 북 미인	짜증이 나다

tại sao : 왜

Tại sao em [기분] ?

당신은 왜 [기분] 해요?

□
□□ **cười**
끄어이

웃다

□
□□ **khóc**
컵

울다

*哭 (울) 곡

□
□□ **bất hạnh**
벗 하인

불행한

*不幸 불행

□
□□ **bị căng thẳng**
비 깡 탕

스트레스를 받다

---

trời ơi : (감탄사) 저런, 아이고

Trời ơi! em thấy [기분] quá.

세상에! 너무 [기분] 해요.

★「주어+**thấy**」는 해석에서 생략 가능합니다.　**thấy** : 느끼다

☐
☐　**tiếc**
☐　띠엑

안타까운,
섭섭한

☐
☐　**thú vị / hay**
☐　투 비　　　　하이

재미있는

☐
☐　**ngại**
☐　응아이

두려운, 낯선

☐
☐　**mắc cỡ**
☐　막 꺼

부끄러운

mẫu người lý tưởng : 이상형

Mẫu người lý tưởng của tôi là một người [성격] .

내 이상형은 [성격] 사람이에요.

□
□ **vui tính**
부이 띠인

유쾌한

□
□ **đa cảm**
다 깜

다정다감한

*多感 다감

□
□ **hiền**
히엔

착한

*賢 (어질) 현

□
□ **ấm áp**
엄 압

자상한

---

tính cách : 성격

Tính cách **của bạn tôi rất** 　성격　.

내 친구의 성격은 매우 　성격　 이에요.

□
□
□
nhiệt tình
니엣 띠인

열정적인

*熱情 열정

□
□
□
năng động
낭 동

활동적인

*能動 능동

□
□
□
cần cù
껀 꾸

성실한

*勤苦 근고

□
□
□
thận trọng
턴 쫑

신중한

*愼重 신중

không ~ đâu : ~하지 않다

Anh ấy không ⬜ 성격 ⬜ đâu.

그는 ⬜ 성격 ⬜ 하지 않아요.

☐☐ **nhút nhát**
늣 냣

소심한

☐☐ **tham lam**
탐 람

욕심 있는

*貪汚 탐기

☐☐ **lười**
르어이

게으른

☐☐ **lạnh lùng**
라인 룽

차가운, 냉정한

Sao em 성격 quá thế?

thế : (문미 조사) 강조 역할
(해석 되지 않음)

너는 왜 그렇게 성격 하니?

sao : 왜

☐
☐
☐
khó tính
커 띠인

까칠한

☐
☐
☐
ngoan cố
응오안 꼬

고집불통의

*頑固 완고

☐
☐
☐
nóng tính
넘 띠인

성미 급한

☐
☐
☐
trung thực
쭝 특

정직한

*忠實 충실

패턴 + 어휘 정리

학습한 패턴 및 어휘들만 모아서 단어와 함께 자연스럽게 익혀 보세요. 베트남어가 쉬워집니다.

1

~ quá : (감탄사) 매우 ~!

Hôm nay tôi 〔기분〕 **quá!**

오늘 나는 매우 〔기분〕 해!

2

tại sao : 왜

Tại sao em 〔기분〕 **?**

당신은 왜 〔기분〕 해요?

3

trời ơi : (감탄사) 저런, 아이고

Trời ơi! em thấy 〔기분〕 **quá.**

세상에! 너무 〔기분〕 해요.

4

mẫu người lý tưởng : 이상형

Mẫu người lý tưởng của tôi là một người 〔성격〕 **.**

내 이상형은 〔성격〕 사람이에요.

→ **tính cách** : 성격

5 **Tính cách của bạn tôi rất**   성격   **.**

내 친구의 성격은 매우   성격   이에요.

→ **không ~ đâu** : ~하지 않다

6 **Anh ấy không**   성격   **đâu.**

그는   성격   하지 않아요.

→ **thế** : (문미 조사) 강조 역할
(해석 되지 않음)

7 **Sao em**   성격   **quá thế?**

너는 왜 이렇게   성격   하니?

그림에 맞는 단어끼리 연결해 보세요.

cười

khóc

sợ

giận

mắc cỡ

낱말 카드

카드를 접어서 단어를 복습해 보세요. 틀린 부분은 체크(☑)하고 다시 도전!

☐☐☐ sợ	☐☐☐ 무서운
☐☐☐ hạnh phúc	☐☐☐ 행복한
☐☐☐ thích	☐☐☐ 좋아하다
☐☐☐ yêu	☐☐☐ 사랑하다
☐☐☐ vui	☐☐☐ 기쁜

buồn	슬픈
giận	화난
tức / bực mình	짜증이 나다
cười	웃다
khóc	울다
bất hạnh	불행한

bị căng thẳng	스트레스를 받다
tiếc	안타까운, 섭섭한
thú vị / hay	재미있는
ngại	두려운, 낯선
mắc cỡ	부끄러운
vui tính	유쾌한

đa cảm	다정다감한
hiền	착한
ấm áp	자상한
nhiệt tình	열정적인
năng động	활동적인
cần cù	성실한

thận trọng □□□	신중한 □□□
nhút nhát □□□	소심한 □□□
tham lam □□□	욕심 있는 □□□
lười □□□	게으른 □□□
lạnh lùng □□□	차가운, 냉정한 □□□
khó tính □□□	까칠한 □□□

ngoan cố ▫▫▫	고집불통의 ▫▫▫
nóng tính ▫▫▫	성미 급한 ▫▫▫
trung thực ▫▫▫	정직한 ▫▫▫

Part
8

신체와 증상

Bài 1

신체
cơ thể

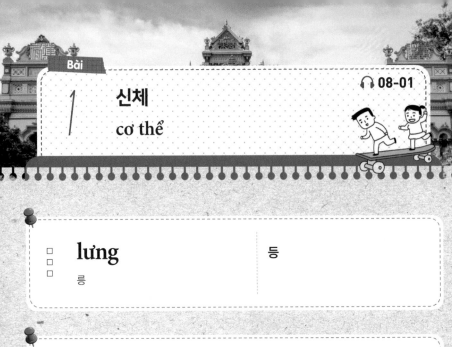

□
□
□

lưng
릉

등

□
□
□

cổ
꼬

목

*鼓 (북) 고

□
□
□

vai
바이

어깨

□
□
□

đầu
더우

머리

*頭 (머리) 두

신체 + dài : ~가 길다

|신체| của em rất dài.

나의 |신체| 은 길어요.

dài : 길다

☐ **tay**
☐
☐ 따이

팔

☐ **chân**
☐
☐ 쩐

다리

☐ **ngón tay**
☐
☐ 응언 따이

손가락

＊ 발가락은 ngón chân(응언 쩐)이라고 합니다.

☐ **chân tay**
☐
☐ 쩐 따이

팔다리 (수족)

giống + 인칭주어 : ~와 닮다

신체 **của em giống mẹ.**

나의 신체 은 엄마와 닮았어요.

giống : 같다

□
□ **mắt** 눈
맛

□
□ **mũi** 코
무이

□
□ **miệng** 입
미엥

□
□ **môi** 입술
모이

to quá : 매우 굵다/크다

| 신체 | **to quá.** |

* to : '신체/사물'의 크기가 과함을 의미.
(예) 허리가 굵다, 배가 나오다,
얼굴이 크다
(↔ **nhỏ**)

| 신체 | 가 매우 굵어요/커요. |

to : 크다/굵다, 거대한/커다란

□
□ **eo**   허리
□ 애오

□
□ **bụng**   배
□ 붕

□
□ **mặt**   얼굴
□ 맛

□
□ **ngực**   가슴
□ 응윽

em bé : 아이

신체 của em bé rất đẹp.

아이의 신체 가 매우 예뻐요.

của : ~의

- **tai**
  따이

  귀

- **mông**
  몽

  엉덩이

- **tóc**
  떡(떱)

  머리카락

- **trán**
  짠

  이마

Bài

2 증상
triệu chứng

 🎧 08-02

☐
☐
☐
đau đầu (북) 다우 더우

nhức đầu (남) 느억 더우

머리가 아픈

*頭 (머리) 두
(đầu)

☐
☐
đau bụng
다우 붕

배가 아픈

☐
☐
tiêu chảy / ỉa chảy
띠우 짜이   이아 짜이

설사하다

☐
☐
khó tiêu hóa
커 띠우 호아

체하다

*消化 소화
(tiêu hóa)

vì ~ nên : ~ 때문에   không ~ được : ~할 수 없다

Vì hôm nay em [증상] nên không đi học được.

저는 오늘 [증상] 하기 때문에 학교에 갈 수 없어요.

□
□ **bị cảm**   감기에 걸리다
□ 비 깜   *感 (느낄) 감
                                              (cảm)

□
□ **bị sốt**   열이 나다
□ 비 쏫

□
□ **mệt mỏi**   몸살 나다
□ 멧 모이

□
□ **bị dị ứng**   두드러기가 나다
□ 비 지 응

chắc là : 아마

Chắc là **em ấy** 증상 .

아마 걔는 증상 인 듯 해요.

□
□ **có mang / có thai**
꺼 망   꺼 타이

임신하다

*胎 (아이 밸) 태
(thai)

□
□ **bị ngã**
비 응아

넘어지다

□
□ **bị gãy chân/tay**
비 가이 쩐/따이

다리/팔이
부러지다

* bị gãy 뒤에는 반드시 '신체 부위'를 함께 나타내야 합니다.

□
□ **bị thương**
비 트엉

상처가 나다

*傷 (다칠) 상
(thương)

□ □ □ **bị ho** 비 허	기침 하다

□ □ □ **sổ mũi** 쏘 무이	콧물이 나다

□ □ □ **đau họng** 다우 홍 **viêm họng** 비엠 홍	목이 아프다 인후염

□ □ □ **buồn nôn** 부온 논	메스꺼운

nghỉ ở nhà : 집에서 쉬다

Hôm qua em đã 증상 nên nghỉ ở nhà rồi.

어제 나는 증상 해서 집에서 쉬었어요.

mệt
멧

피곤하다

đau răng
다우 장

이가 아프다

chóng mặt
쫑 맛

어지러운

bị chảy máu mũi
비 짜이 마우 무이

코피가 나다

패턴 + 어휘 정리

학습한 패턴 및 어휘들만 모아서 단어와 함께 자연스럽게 익혀 보세요. 베트남어가 쉬워집니다.

① 신체 + dài : ~가 길다

신체 **của em rất dài.**

나의 신체 은 길어요.

② giống + 인칭주어 : ~와 닮다

신체 **của em giống mẹ.**

나의 신체 은 엄마와 닮았어요.

③ to quá : 매우 굵다/크다

신체 **to quá.**

신체 가 매우 굵어요/커요.

④ em bé : 아이

신체 **của em bé rất đẹp.**

아이의 신체 가 매우 예뻐요.

5 → **vì ~ nên** : ~ 때문에   → **không ~ được** : ~할 수 없다
Vì hôm nay em 증상 **nên không đi học được.**

저는 오늘 증상 하기 때문에 학교에 갈 수 없어요.

6 → **chắc là** : 아마
Chắc là em ấy 증상 .

아마 걔는 증상 인 듯 해요.

7 → **hôm qua** : 어제
Hôm qua em đã 증상 .

어제 저는 증상 했어요.

8 → **nghỉ ở nhà** : 집에서 쉬다
Hôm qua em đã 증상 **nên nghỉ ở nhà rồi.**

어제 나는 증상 해서 집에서 쉬었어요.

실력 확인!

그림에 맞는 신체 부위를 <보기>에서 찾아 넣어 보세요.

보기

bụng	miệng	đầu	chân	mắt	mặt
mũi	vai	cổ	eo	ngực	

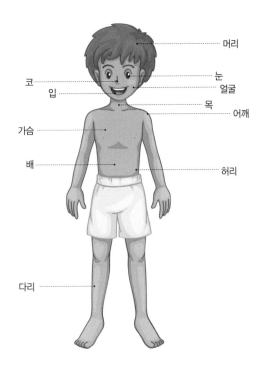

머리

코

입

눈

얼굴

목

어깨

가슴

배

허리

다리

정답

머리 : đầu / 얼굴 : mặt / 눈 : mắt / 코 : mũi / 입 : miệng / 목 : cổ / 어깨 : vai / 가슴 : ngực
허리 : eo / 다리 : chân / 배 : bụng

낱말 카드

카드를 접어서 단어를 복습해 보세요. 틀린 부분은 체크(☑)하고 다시 도전!

□ □ □	□ □ □
lưng	**등**

□ □ □	□ □ □
cổ	**목**

□ □ □	□ □ □
vai	**어깨**

□ □ □	□ □ □
đầu	**머리**

□ □ □	□ □ □
tay	**팔**

chân □□□	다리 □□□
ngón tay □□□	손가락 □□□
chân tay □□□	팔다리 (수족) □□□
mắt □□□	눈 □□□
mũi □□□	코 □□□
miệng □□□	입 □□□

môi □□□	입술 □□□
eo □□□	허리 □□□
bụng □□□	배 □□□
mặt □□□	얼굴 □□□
ngực □□□	가슴 □□□
tai □□□	귀 □□□

mông □□□	엉덩이 □□□
tóc □□□	머리카락 □□□
trán □□□	이마 □□□
đau đầu (북) nhức đầu (남) □□□	머리가 아픈 □□□
đau bụng □□□	배가 아픈 □□□
tiêu chảy / ỉa chảy □□□	설사하다 □□□

khó tiêu hóa □□□	체하다 □□□
bị cảm □□□	감기에 걸리다 □□□
bị sốt □□□	열이 나다 □□□
mệt mỏi □□□	몸살 나다 □□□
bị dị ứng □□□	두드러기가 나다 □□□
có mang / có thai □□□	임신하다 □□□

bị ngã	넘어지다
bị gãy chân/tay	다리/팔이 부러지다
bị thương	상처가 나다
bị ho	기침 하다
sổ mũi	콧물이 나다
đau họng / viêm họng	목이 아프다 / 인후염

buồn nôn	메스꺼운
mệt	피곤하다
đau răng	이가 아프다
chóng mặt	어지러운
bị chảy máu mũi	코피가 나다

(정답 : 200p.)

Part

9

방향,
위치,
교통수단

Bài

1

방향
phương hướng

 09-01

☐
☐
☐

bên trái / phía trái

벤 짜이   피어 짜이

| 왼쪽

☐
☐
☐

bên phải / phía phải

벤 퐈이   피어 퐈이

| 오른쪽

☐
☐
☐

trước

쯔억

| 앞

☐
☐
☐

sau

싸우

| 뒤

---

cứ ~ nhé : 계속 ~(해) 주세요

Chú ơi, cứ [방향] nhé.

아저씨, 계속 [방향] 해 주세요.

nhé : 문미에 붙여 '권유' 또는 '제의'의 의미로 사용

☐
☐
☐
đi thẳng
디 탕

직진

☐
☐
☐
quay lại
꾸아이 라이

돌다

☐
☐
☐
rẽ trái　(북) 제 짜이
quẹo trái　(남) 꾸에오 짜이

좌회전

←

☐
☐
☐
rẽ phải　(북) 제 퐈이
quẹo phải　(남) 꾸에오 퐈이

우회전

→

Kỳ nghỉ hè này em sẽ đi du lịch ở 방향 .

이번 방학에 저는 방향 쪽으로 여행을 갈 거예요.

□
□ **Phía Đông**
□ 피어 동

동

*東 (동녘) 동
(Đông)

□
□ **Phía Tây**
□ 피어 떠이

서

*西 (서녘) 서
(Tây)

□
□ **Phía Nam**
□ 피어 남

남

*南 (남녘) 남
(Nam)

□
□ **Phía Bắc**
□ 피어 박

북

*北 (북녘) 북
(Bắc)

Bài

2 위치
vị trí

🎧 09-02

☐☐☐ **ở trên**
어 쩬

위에

☐☐☐ **ở dưới**
어 즈어이

아래에

☐☐☐ **ở trong**
어 쫑

안에

☐☐☐ **ở ngoài**
어 응오아이

밖에

*外 (바깥) 외
(ngoài)

→ cái gì : 무엇

위치   có cái gì?   * cái는 사물 앞에 사용되는 단위 명사지만,
                   gì와 결합하면 '무엇'이라는 의미를 가집니다.

위치   무엇이 있어요?

□
□   **bên cạnh**   옆에
□   벤 까인

□
□   **giữa**   사이, 가운데
□   지으어

교통수단
phương tiện giao thông

☐
☐
☐
xe máy
쌔 마이

오토바이

☐
☐
☐
xe tải
쌔 따이

트럭

*車載 차재

☐
☐
☐
xe đạp
쌔 답

자전거

☐
☐
☐
xích lô
씨익 로

인력거

→ **từ ~ đến** : ~에서 ~까지

Từ nhà em đến công ty đi bằng [교통수단].

우리집에서 회사까지 [교통수단] 로 가요.

☐
☐ **xe riêng**
　　쌔 지엥

차

*riêng : 개인

☐
☐ **xe ô tô** (북) 쌔 오또
xe hơi (남) 쌔 허이

자동차

☐
☐ **xe buýt**
　　쌔 부잇

버스

☐
☐ **tàu điện ngầm**
☐　따우 디엔 응엄

지하철

---

178 왕 쉬운 베트남어 단어장

Tôi sẽ đi du lịch bằng [교통수단] .

bằng + 교통수단 : ~을 타고

저는 [교통수단] 를 타고 여행을 갈 거예요.

□
□ **xe khách / xe du lịch** 관광버스
  쌔 카익   쌔 주 릭
                          *客 (손) 객
                          (khách)

□
□ **tàu thủy / thuyển** 배
  따우 투이   투이엔
                          *水 (물) 수
                          (thủy)

□
□ **tàu hỏa** (북) 따우 호아   기차
□ **xe lửa** (남) 쌔 르어

□
□ **máy bay** 비행기
  마이 바이

패턴 + 어휘 정리

학습한 패턴 및 어휘들만 모아서 단어와 함께 자연스럽게 익혀 보세요. 베트남어가 쉬워집니다.

1 cứ ~ nhé : 계속 ~(해) 주세요

Chú ơi, cứ [방향] nhé.

아저씨, 계속 [방향] 해 주세요.

2 kỳ nghỉ hè này : 이번 방학에

Kỳ nghỉ hè này em sẽ đi du lịch ở [방향].

이번 방학에 저는 [방향] 쪽으로 여행을 갈 거예요.

3 cái gì : 무엇

[위치] có cái gì?

[위치] 무엇이 있어요?

4 từ ~ đến : ~에서 ~까지

Từ nhà em đến công ty đi bằng [교통수단].

우리집에서 회사까지 [교통수단]으로 가요.

5 bằng + 교통수단 : ~을 타고

Tôi sẽ đi du lịch bằng [교통수단].

저는 [교통수단]를 타고 여행을 갈 거예요.

실력 확인!

방향과 위치에 맞는 단어를 <보기>에서 찾아보세요.

보기

rẽ phải	đi thẳng	quẹo phải	ở dưới
quẹo trái	rẽ trái	ở trên	

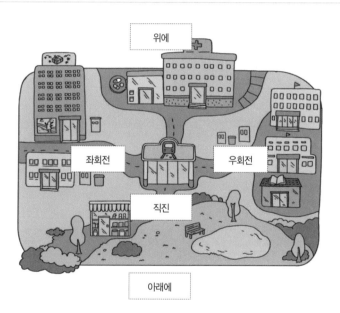

낱말 카드

카드를 접어서 단어를 복습해 보세요. 틀린 부분은 체크(☑)하고 다시 도전!

bên trái / phía trái	왼쪽
bên phải / phía phải	오른쪽
trước	앞
sau	뒤
đi thẳng	직진

quay lại	돌다
rẽ trái (북) quẹo trái (남)	좌회전
rẽ phải (북) quẹo phải (남)	우회전
Phía Đông	동
Phía Tây	서
Phía Nam	남

Phía Bắc	북
ở trên	위에
ở dưới	아래에
ở trong	안에
ở ngoài	밖에
bên cạnh	옆에

giữa	사이, 가운데
xe máy	오토바이
xe tải	트럭
xe đạp	자전거
xích lô	인력거
xe riêng	차

xe ô tô (북) xe hơi (남)	자동차
xe buýt	버스
tàu điện ngầm	지하철
xe khách / xe du lịch	관광버스
tàu thủy / thuyển	배
tàu hỏa (북) xe lửa (남)	기차
máy bay	비행기

계절과 날씨

Bài

1

계절
mùa

🎧 10-01

bốn mùa	사계절
본 무어	*务 (힘쓸) 무 (mùa)

* '계절'을 의미하는 mùa는 모두 음이 비슷한 务를 사용합니다.

xuân hạ thu đông	춘하추동
쑤언 하 투 동	*春夏秋冬 춘하추동

mùa mưa	우기
무어 므어	

mùa khô	건기
무어 코	*枯 (마를) 고 (khô)

188　왕 쉬운 베트남어 단어장

năm nay : 올해

<u>계절</u> năm nay tôi sẽ đi du lịch.

올 <u>계절</u> 에 저는 여행을 갈 거예요.

□□□ **mùa xuân**
무어 쑤언

봄

*春 (봄) 춘
(xuân)

□□□ **mùa hè**
무어 해

여름

*夏 (여름) 하
(hè)

□□□ **mùa thu**
무어 투

가을

*秋 (가을) 추
(thu)

□□□ **mùa đông**
무어 동

겨울

*冬 (겨울) 동
(đông)

Bài 2

날씨
thời tiết

🎧 10-02

- **mưa**
  므어

  비

- **tuyết**
  뚜옛

  눈

- **bụi mịn**
  부이 민

  미세먼지

- **gió**
  지어

  바람

có + 날씨 : ~가 오다/내리다/있다

Hôm nay có [날씨   ].

오늘 [날씨   ] 이 와요/있어요.

＊có : có 뒤에 '날씨'가 올 경우에는 '비/눈
이 내리다, 바람이 불다, 미세먼지가 있다'
라는 의미로 해석할 수 있습니다.

☐
☐ **gió bão**
☐ 지어 바오

폭풍

☐
☐ **trận bão**
☐ 쩐 바오

돌풍

☐
☐ **chớp**
☐ 쩝

번개

☐
☐ **mưa to**
☐ 므어 떠

폭우

sẽ đi chơi : 놀러 갈 것이다

Nếu trời [날씨] thì tôi sẽ đi chơi.

만약 날씨가 [날씨] 면 저는 놀러 갈 거예요.

□
□ **dễ chịu**
제 찌우

맑은

□
□ **nắng**
낭

쾌청한

□
□ **ấm áp**
엄 압

따뜻한

□
□ **mát**
맛

시원한

Em không thích trời 날씨 .

trời + 날씨 : ~한 날씨

저는 날씨 날씨를 좋아하지 않아요.

□
□
□
âm u
엄 우

흐린

□
□
nóng
넘

더운

□
□
□
ẩm
엄

습한

□
□
lạnh
라인

추운

패턴 + 어휘 정리

학습한 패턴 및 어휘들만 모아서 단어와 함께 자연스럽게 익혀 보세요. 베트남어가 쉬워집니다.

① năm nay : 올해

① 　계절　 **năm nay tôi sẽ đi du lịch.**

올 　계절　 에 저는 여행을 갈 거예요.

② có + 날씨 : ~가 오다/내리다/있다

② Hôm nay có 　날씨　 **.**

오늘 　날씨　 이 와요/있어요.

③ sẽ đi chơi : 놀러 갈 것이다

③ Nếu trời 　날씨　 **thì tôi sẽ đi chơi.**

만약 날씨가 　날씨　 면 저는 놀러 갈 거예요.

④ trời + 날씨 : ~한 날씨

④ Em không thích trời 　날씨　 **.**

저는 　날씨　 날씨를 좋아하지 않아요.

계절에 맞는 날씨를 찾아보세요.

mùa xuân •   • nóng

                              • lạnh

mùa hè •

                              • ấm áp

mùa thu •   • mát

mùa đông •   • bụi mịn

                              • tuyết

낱말 카드

카드를 접어서 단어를 복습해 보세요. 틀린 부분은 체크(☑)하고 다시 도전!

bốn mùa ☐☐☐	사계절 ☐☐☐
xuân hạ thu đông ☐☐☐	춘하추동 ☐☐☐
mùa mưa ☐☐☐	우기 ☐☐☐
mùa khô ☐☐☐	건기 ☐☐☐
mùa xuân ☐☐☐	봄 ☐☐☐

mùa hè ☐☐☐	여름 ☐☐☐
mùa thu ☐☐☐	가을 ☐☐☐
mùa đông ☐☐☐	겨울 ☐☐☐
mưa ☐☐☐	비 ☐☐☐
tuyết ☐☐☐	눈 ☐☐☐
bụi mịn ☐☐☐	미세먼지 ☐☐☐

gió □□□	바람 □□□
gió bão □□□	폭풍 □□□
trận bão □□□	돌풍 □□□
chớp □□□	번개 □□□
mưa to □□□	폭우 □□□
dễ chịu □□□	맑은 □□□

nắng □□□	쾌청한 □□□
ấm áp □□□	따뜻한 □□□
mát □□□	시원한 □□□
âm u □□□	흐린 □□□
nóng □□□	더운 □□□
ẩm □□□	습한 □□□
lạnh □□□	추운 □□□

미로를 찾아보세요.

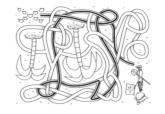

(170p. 틀린 그림 정답)

자연과 동물

Bài

1

자연
thiên nhiên

🎧 11-01

☐
☐
☐
đồi cát
도이 깟

사구
(모래 언덕)

☐
☐
☐
đất
덧

땅

☐
☐
☐
mây
머이

구름

☐
☐
☐
cơn gió
껀 저

바람

đi ~ chơi : ~에서 놀다

Em rất thích đi [자연] chơi.

저는 [자연] 에서 노는 것을 좋아해요.

☐☐☐ **sông**
쏭

강

☐☐☐ **bãi biển**
바이 비엔

바다

☐☐☐ **thác nước**
탁 느억

폭포

☐☐☐ **thung lũng**
퉁 룽

계곡

ở đây : 여기에

Ở đây có nhiều   자연 .

여기에 자연 이 많아요.

□	**hoa**	꽃
□	호아	
□		*花 (꽃) 화

□	**cây**	나무
□	꺼이	
□		

□	**cát**	모래
□	깟	
□		

□	**núi**	산
□	누이	
□		

Bài

2 동물
động vật

🎧 11-02

- ☐
- ☐
- ☐

con chuột
껀 쭈옷

쥐

- ☐
- ☐

con bò 껀 버

con trâu 껀 쩌우

소

물소

* 베트남 십이지에는 '소'
대신 '물소'를 사용합니다.

- ☐
- ☐
- ☐

con hổ
껀 호

호랑이

*虎 (범) 호
(hổ)

- ☐
- ☐
- ☐

con thỏ
껀 터

토끼

*兔 (토끼) 토
(thỏ)

phải không? : 맞지? (확인의문문)

Em tuổi 　동물　 phải không?

너는 　동물　 띠 맞지?

☐
☐
☐
con mèo
껀 매오

| 고양이 | *猫 (고양이) 묘 (mèo) |

* 베트남 십이지에는 '토끼' 대신 '고양이'를 사용합니다.

☐
☐
☐
con rồng
껀 종

| 용 | *龍 (용) 룡 (rồng) |

☐
☐
☐
con rắn
껀 잔

| 뱀 | |

☐
☐
☐
con ngựa
껀 응으어

| 말 | |

con 생략 가능

Em tuổi 　동물　 ạ.

저는 　동물　 띠예요.

＊ con은 동물이나 생물 앞에 붙는 총별사로 상황에 따라서 생략 가능합니다.

☐
☐
☐

con cừu
껀 끄우

양

☐
☐
☐

con dê
껀 제

염소

＊ 베트남 십이지에는 '양' 대신 '염소'를 사용합니다.

☐
☐
☐

con khỉ
껀 키

원숭이

☐
☐
☐

con gà
껀 가

닭

đang nuôi : 기르는 중이다

Tôi đang nuôi [동물].

저는 [동물] 을 키우고 있어요.

nuôi : 기르다

☐
☐ **con chó**   개
☐ 껀 쩌

☐ **con lợn** (북) 껀 런   돼지
☐ **con heo** (남) 껀 해오

☐
☐ **con vịt**   오리
☐ 껀 빗

☐
☐ **con voi**   코끼리
☐ 껀 버이

cực kỳ : 극히, 몹시

Tôi cực kỳ ghét 　동물　.

저는 　동물　 가 너무 싫어요.

cực kỳ : 極期 (극기)

☐
☐
☐
con gián
껀 지안

바퀴벌레

☐
☐
☐
con ruồi
껀 주오이

파리

☐
☐
☐
con muỗi
껀 무오이

모기

☐
☐
☐
con ong
껀 엄

벌

패턴 + 어휘 정리

학습한 패턴 및 어휘들만 모아서 단어와 함께 자연스럽게 익혀 보세요. 베트남어가 쉬워집니다.

1 đi ~ chơi : ~에서 놀다

Em rất thích đi 〔자연〕 chơi.

저는 〔자연〕에서 노는 것을 좋아해요.

2 ở đây : 여기에

Ở đây có nhiều 〔자연〕.

여기에 〔자연〕이 많아요.

3 phải không? : 맞지? (확인의문문)

Em tuổi 〔동물〕 phải không?

너는 〔동물〕 띠 맞지?

4 con 생략 가능

Em tuổi 〔동물〕 ạ.

저는 〔동물〕 띠예요.

⑤ đang nuôi : 기르는 중이다
Tôi đang nuôi 동물 .

저는 동물 을 키우고 있어요.

⑥ cực kỳ : 극히, 몹시
Tôi cực kỳ ghét 동물 .

저는 동물 가 너무 싫어요.

동물에 맞는 단어를 <보기>에서 찾아보세요.

보기

con ngựa	con hổ	con lợn	con chuột	con thỏ
con khỉ	con rồng	con rắn	con chó	con cừu
con bò	con gà			

낱말 카드

카드를 접어서 단어를 복습해 보세요. 틀린 부분은 체크(☑)하고 다시 도전!

☐☐☐ **đồi cát**	☐☐☐ 사구 (모래 언덕)
☐☐☐ **đất**	☐☐☐ 땅
☐☐☐ **mây**	☐☐☐ 구름
☐☐☐ **cơn gió**	☐☐☐ 바람
☐☐☐ **sông**	☐☐☐ 강

bãi biển	바다
thác nước	폭포
thung lũng	계곡
hoa	꽃
cây	나무
cát	모래

☐☐☐ **núi**	☐☐☐ 산
☐☐☐ **con chuột**	☐☐☐ 쥐
☐☐☐ **con bò** **con trâu**	☐☐☐ 소 물소
☐☐☐ **con hổ**	☐☐☐ 호랑이
☐☐☐ **con thỏ**	☐☐☐ 토끼
☐☐☐ **con mèo**	☐☐☐ 고양이

con rồng	용
con rắn	뱀
con ngựa	말
con cừu	양
con dê	염소
con khỉ	원숭이

con gà □□□	닭 □□□
con chó □□□	개 □□□
con lợn (북) con heo (남) □□□	돼지 □□□
con vịt □□□	오리 □□□
con voi □□□	코끼리 □□□
con gián □□□	바퀴벌레 □□□

con ruồi	파리
con muỗi	모기
con ong	벌

Part
12

쇼핑과 색깔

Bài 1

쇼핑
mua sắm

12-01

□ □	**giá cả**	가격표
	지아 까	*價 (값) 가 (giá)

□ □	**đúng giá**	정찰제
	둠 지아	

□ □	**đổi lại**	교환하다
	도이 라이	

□ □	**trả hàng**	반품하다
	짜 항	

ở đây có : 여기에 ~있다
Ở đây có [쇼핑] không?

여기에 [쇼핑] 있어요?

□ □ □	**người bán** 응어이 반	상인

□ □	**khách hàng** 카익 항	손님 *客行 객행

□ □ □	**tiền lẻ** 띠엔 래	잔돈 *錢 (돈) 전 (tiền)

□ □	**khuyến mại** 쿠이엔 마이	세일하다

muốn mua : 사고 싶다

Tôi muốn mua một cái 쇼핑 .

저는 쇼핑 한 개를 사고 싶어요.

□
□ **áo**
아오

윗옷

*襖 (웃옷) 오

□
□ **quần**
꾸언

바지

*裙 (치마) 군

□
□ **váy**
바이

치마

□
□ **váy liền**
바이 리엔

원피스

có thể ~ được không : ~해도 될까요?

Tôi có thể mặc thử 쇼핑 được không ạ?

제가 쇼핑 을 입어봐도 될까요?

★ ạ는 상대에게 존칭의 의미로 사용하는 '격식적 종결어미'입니다.

□
□ **áo ngắn tay** | 반팔
아오 응안 따이

□
□ **áo dài tay** | 긴팔
□ 아오 자이 따이

□
□ **quần cụt / quần đùi** | 반바지
□ 꾸언 꿋   꾸언 두이
★ đùi : 허벅지

□
□ **quần jean** | 청바지
□ 꾸언 진

quá nhiều : 너무 많다, 과도하다

Em có quá nhiều 쇼핑 **nên đừng mua nữa.**

너 쇼핑 너무 많으니까 그만 사.

□
□ **áo lót** 속옷
□
아오 럿

□
□ **áo khoác** 가디건
□
아오 코악

□
□ **áo sơ mi** 셔츠
□
아오 서 미

□
□ **áo khoác đông** 겨울 외투 ＊khoác은 '두르다, 걸치다'의 의미로 홀로 사용되지 않습니다.
□
아오 코악 동 ＊冬 (겨울) 동 (đông)

mang theo : 가져오다, 챙기다

Anh đã mang theo 쇼핑 chưa?

당신 쇼핑 챙겼어요?

☐☐☐	**trang phục công sở** 짱 푹 꼼 써	정장 *裝服 장복

☐☐☐	**đồ tập thể dục** 도 떱 테 줍	트레이닝복

☐☐☐	**tất** (북) 떳 **vớ** (남) 버	양말

☐☐☐	**ví** (북) 비 **bóp** (남) 법	지갑

tiện : 편리한, 편안한

___쇼핑___ của em rất tiện.

너의 ___쇼핑___ 는 매우 편하다.

kính râm (북) 끼인 점

kính mát (남) 낀 맛

선글라스

giày dép

지아이 잽

신발

giày thể thao

지아이 테 타오

운동화

*體操 체조
(thể thao)

dép lê

잽 레

슬리퍼

Tôi rất thích thời trang đặc biệt là mua 쇼핑 .

↑ **đặc biệt là** : 특히

저는 패션을 좋아하는데 특히 쇼핑 사는 것을 좋아해요.

□
□ **mũ / nón**　　　　　　모자
□ 무　　　년

□
□ **đồ trang sức**　　　액세서리
□ 도 짱 쓱
　　　　　　　　　　　　*裝飾 장식
　　　　　　　　　　　　(trang sức)

□
□ **nhẫn**　　　　　　　반지
□ 년

□
□ **bông tai**　　　　　귀걸이
□ 봉 따이

　　　　　　　　　　　　* 동의어 : khuyên tai

tặng ~ cho : ~에게 선물하다

Mẹ tôi có tặng 쇼핑 cho tôi.

우리 엄마가 나에게 쇼핑 을 선물해 주셨어요.

tặng : 선물하다, cho : ~에게

□
□ **vòng tay** 　　　　　　팔찌
□
　뱡 따이

□
□ **vòng cổ** 　　　　　　목걸이
□
　뱡 꼬

□
□ **nước hoa** 　　　　　　향수
□
　느억 호아 　　　　　　　*花 (꽃) 화
　　　　　　　　　　　　　　(hoa)

□
□ **mỹ phẩm** 　　　　　　화장품
□
　미 펌 　　　　　　　　　*品 (물건) 품
　　　　　　　　　　　　　　(phẩm)

2 색깔
màu sắc

□
□
□

màu đỏ

마우 더

빨간색

□
□
□

màu cam

마우 깜

주황색

□
□
□

màu vàng

마우 방

노란색

□
□
□

màu xanh lá cây

마우 싸인 라 꺼이

초록색

màu sắc : 색깔

Trong những màu sắc, tôi thích 　색깔　 nhất.

색깔들 중, 저는 　색깔　 을 가장 좋아해요.

☐
☐ **màu xanh dương** | 파란색
마우 싸인 즈엉

☐
☐ **màu xanh lam** | 남색
마우 싸인 람

☐
☐ **màu tím** | 보라색
마우 띰

☐
☐ **màu đen** | 검은색
마우 댄

mặc thử : 입어보다

Tôi muốn mặc thử áo 색깔 kia.

저는 저 색깔 옷을 입어보고 싶어요.

kia : 저

màu vàng kim
마우 방 낌

금색

*金 (쇠) 금
(kim)

màu bạc
마우 박

은색

*箔 (발) 박
(bạc)

màu hồng
마우 홍

분홍색

*紅 (붉을) 홍
(hồng)

màu trắng
마우 짱

하얀색

패턴 + 어휘 정리

학습한 패턴 및 어휘들만 모아서 단어와 함께 자연스럽게 익혀 보세요. 베트남어가 쉬워집니다.

1

↱ **ở đây có** : 여기에 ~있다

Ở đây có [쇼핑] không?

여기에 [쇼핑] 있어요?

2

↱ **muốn mua** : 사고 싶다

Tôi muốn mua một cái [쇼핑].

저는 [쇼핑] 한 개를 사고 싶어요.

3

↱ **có thể ~ được không** : ~해도 될까요?

Tôi có thể mặc thử [쇼핑] được không ạ?

제가 [쇼핑]을 입어봐도 될까요?

4

↱ **quá nhiều** : 너무 많다, 과도하다

Em có quá nhiều [쇼핑] nên đừng mua nữa.

너 [쇼핑] 너무 많으니까 그만 사.

5

↱ **mang theo** : 가져오다, 챙기다

Anh đã mang theo [쇼핑] chưa?

당신 [쇼핑] 챙겼어요?

6

tiện : 편리한, 편안한

░░░쇼핑░░░ của em rất tiện.

너의 ░쇼핑░ 는 매우 편하다.

7

đặc biệt là : 특히

Tôi rất thích thời trang đặc biệt là mua ░쇼핑░.

저는 패션을 좋아하는데 특히 ░쇼핑░ 사는 것을 좋아해요.

8

tặng ~ cho : ~에게 선물하다

Mẹ tôi có tặng ░░쇼핑░░ cho tôi.

우리 엄마가 나에게 ░쇼핑░ 을 선물해 주셨어요.

9

màu sắc : 색깔

Trong những màu sắc, tôi thích ░░색깔░░ nhất.

색깔들 중, 저는 ░색깔░ 을 가장 좋아해요.

10

mặc thử : 입어보다

Tôi muốn mặc thử áo ░░색깔░░ kia.

저는 저 ░색깔░ 옷을 입어보고 싶어요.

실력 확인!

그림에 맞는 단어를 <보기>에서 찾아보세요.

보기

màu tím	mũ	giày dép	màu vàng	váy
màu đỏ	trang phục công sở		màu xanh dương	

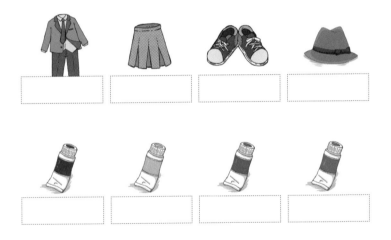

정답

정장 : trang phục công sở / 치마 : váy / 신발 : giày dép / 모자 : mũ
빨간색 : màu đỏ / 노란색 : màu vàng / 파란색 : màu xanh dương / 보라색 : màu tím

낱말 카드

카드를 접어서 단어를 복습해 보세요. 틀린 부분은 체크(☑)하고 다시 도전!

□ □ □ **giá cả**	□ □ □ 가격표
□ □ □ **đúng giá**	□ □ □ 정찰제
□ □ □ **đổi lại**	□ □ □ 교환하다
□ □ □ **trả hàng**	□ □ □ 반품하다
□ □ □ **người bán**	□ □ □ 상인

khách hàng	손님
tiền lẻ	잔돈
khuyến mại	세일하다
áo	윗옷
quần	바지
váy	치마

váy liền ☐☐☐	원피스 ☐☐☐
áo ngắn tay ☐☐☐	반팔 ☐☐☐
áo dài tay ☐☐☐	긴팔 ☐☐☐
quần cụt / quần đùi ☐☐☐	반바지 ☐☐☐
quần jean ☐☐☐	청바지 ☐☐☐
áo lót ☐☐☐	속옷 ☐☐☐

áo khoác	가디건
áo sơ mi	셔츠
áo khoác đông	겨울 외투
trang phục công sở	정장
đồ tập thể dục	트레이닝복
tất (북) vớ (남)	양말

ví (북) bóp (남)	지갑
kính râm (북) kính mát (남)	선글라스
giày dép	신발
giày thể thao	운동화
dép lê	슬리퍼
mũ / nón	모자

đồ trang sức	액세서리
nhẫn	반지
bông tai	귀걸이
vòng tay	팔찌
vòng cổ	목걸이
nước hoa	향수

mỹ phẩm □ □ □	화장품 □ □ □
màu đỏ □ □ □	빨간색 □ □ □
màu cam □ □ □	주황색 □ □ □
màu vàng □ □ □	노란색 □ □ □
màu xanh lá cây □ □ □	초록색 □ □ □
màu xanh dương □ □ □	파란색 □ □ □

màu xanh lam □ □ □	남색 □ □ □
màu tím □ □ □	보라색 □ □ □
màu đen □ □ □	검은색 □ □ □
màu vàng kim □ □ □	금색 □ □ □
màu bạc □ □ □	은색 □ □ □
màu hồng □ □ □	분홍색 □ □ □
màu trắng □ □ □	하얀색 □ □ □

Part
13

음식

Bài

1

음료
đồ/thức/nước uống

 13-01

☐
☐
☐
nước đá
느억 다

얼음물

☐
☐
☐
nước ép
느억 앱

주스

☐
☐
☐
sữa
스어

우유

☐
☐
☐
bia
비어

맥주

---

món cốc : 한 잔

Cho tôi một cốc 음료 nhé.

음료 한 잔 주세요.

cốc (북부) = ly (남부) : 잔 (단위명사)

sinh tố
씨인 또

스무디

cà phê đen đá
까 페 댄 다

아이스 블랙 커피

cà phê sữa đá
까 페 스어 다

아이스 밀크 커피

cà phê cốt dừa
까 페 꼿 즈어

코코넛 커피

Bài

2 과일
hoa quả (북) / trái cây (남)

🎧 13-02

☐
☐
☐

quả chanh leo/dây
(북)   (남)
꾸아 짜인 래오/저이

패션후르츠

☐
☐
☐

quả nhãn
꾸아 냔

용안 (리치)

☐
☐
☐

quả bưởi
꾸아 브어이

자몽

☐
☐
☐

quả xoài
꾸아 쏘아이

망고

---

bao nhiêu : 얼마예요?

과일 **này bao nhiêu?**

이 과일 은 얼마예요?

quả dừa
꾸아 즈어

코코넛

quả bơ
꾸아 버

아보카도

quả chôm chôm
꾸아 쫌 쫌

람부탄

quả dưa hấu
꾸아 즈어 허우

수박

Bài

3 재료

nguyên liệu

🎧 13-03

☐ **hành tây**
☐
하인 떠이

양파

☐ **ớt**
☐
엇

고추

☐ **cà rốt**
☐
까 좃

당근

☐ **tỏi**
☐
또이

마늘

---

không thể ~ được : ~ 수 없다

Tôi không thể ăn được 재료 .

저는 재료 을 먹을 수 없어요.

☐
☐
☐
rau mùi / rau thơm
자우 무이 　　　　 자우 텀

고수

☐
☐
☐
bột ớt
봇 엇

고춧가루

☐
☐
☐
nấm
넘

버섯

☐
☐
☐
hành
하인

파

Bài

4

양념
gia vị

 13-04

☐
nước tương
느억 뜨엉

간장

*醬 (장) 장
(tương)

☐
tương ớt Hàn Quốc
뜨엉 엇 한 꾸옥

고추장

☐
tương ớt
뜨엉 엇

칠리소스

☐
muối
무오이

소금

인칭대명사 + **ơi** : 여기요 (호격)

Em ơi, cho tôi [양념].

여기요, [양념] 좀 주세요.

* **ơi**는 누군가를 부를 때 사용하는 '호격'입니다.

☐☐☐ **tiêu**
띠에우

후추

*椒 (산초나무) 초

☐☐☐ **đường**
드엉

설탕

☐☐☐ **mì chính**
미 찌인

미원

☐☐☐ **nước mắm**
느억 맘

느억맘
(피시 소스)

5 만드는 방법
cách chế biến

☐☐☐ **nấu chín** 너우 찐	익히다

☐☐☐ **đun sôi** 둔 쏘이	끓이다 

☐☐☐ **luộc** 루옥	삶다

☐☐☐ **nướng** 느엉	굽다 

252   왕 쉬운 베트남어 단어장

sau khi : ~한 후

Sau khi cho nguyên liệu vào, rồi 만드는 방법 **nhé.**

재료를 넣고 만드는 방법 세요.

□
□ **đun sôi làm khô cạn** 졸이다
둔 쏘이 람 코 깐

□
□ **trộn** 비비다
쫀

□
□ **rán** (북) 잔 튀기다
□ **chiên** (남) 찌엔

□
□ **xào** 볶다
싸오

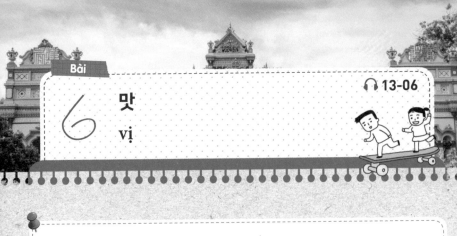

맛
vị

☐
☐ **ngon**   맛있는
☐
응언

☐
☐ **ngọt**   달다
☐
응엇

☐
☐ **bùi**   고소하다
☐
부이

☐
☐ **đắng**   쓰다
☐
당

rất + 맛 : 매우 ~하다

Món ăn này rất ▢▢▢ 맛 ▢▢▢ .

이 음식은 매우 ▢▢ 맛 ▢▢ 해요.

□
□ **chua** 시다
□
쭈어

□
□ **cay** 맵다
□
까이

□
□ **nhạt** 싱겁다
□
낫

□
□ **mặn** 짜다
□
만

패턴 + 어휘 정리

학습한 패턴 및 어휘들만 모아서 단어와 함께 자연스럽게 익혀 보세요. 베트남어가 쉬워집니다.

1
> một cốc : 한 잔

Cho tôi một cốc [음료] nhé.

[음료] 한 잔 주세요.

2
> bao nhiêu : 얼마예요?

[과일] này bao nhiêu?

이 [과일] 은 얼마예요?

3
> không thể ~ được : ~ 수 없다

Tôi không thể ăn được [재료].

저는 [재료] 을 먹을 수 없어요.

4
> 인칭대명사 + ơi : 여기요 (호격)

Em ơi, cho tôi [양념].

여기요, [양념] 좀 주세요.

5 Sau khi **cho nguyên liệu vào, rồi** 만드는 방법 **nhé.**

> sau khi : ~한 후

재료를 넣고 만드는 방법 세요.

6 **Món ăn này rất** 맛 **.**

> rất + 맛 : 매우 ~하다

이 음식은 매우 맛 해요.

그림에 맞는 단어를 적어 보세요.

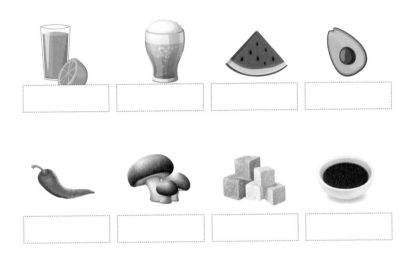

낱말 카드

카드를 접어서 단어를 복습해 보세요. 틀린 부분은 체크(☑)하고 다시 도전!

□□□ nước đá	□□□ 얼음물
□□□ nước ép	□□□ 주스
□□□ sữa	□□□ 우유
□□□ bia	□□□ 맥주
□□□ sinh tố	□□□ 스무디

cà phê đen đá	아이스 블랙 커피
cà phê sữa đá	아이스 밀크 커피
cà phê cốt dừa	코코넛 커피
quả chanh leo (북) quả chanh dây (남)	패션후르츠
quả nhãn	용안 (리치)
quả bưởi	자몽

quả xoài	망고
quả dừa	코코넛
quả bơ	아보카도
quả chôm chôm	람부탄
quả dưa hấu	수박
hành tây	양파

ớt	고추
cà rốt	당근
tỏi	마늘
rau mùi / rau thơm	고수
bột ớt	고춧가루
nấm	버섯

hành □□□	파 □□□
nước tương □□□	간장 □□□
tương ớt Hàn Quốc □□□	고추장 □□□
tương ớt □□□	칠리소스 □□□
muối □□□	소금 □□□
tiêu □□□	후추 □□□

đường □□□	설탕 □□□
mì chính □□□	미원 □□□
nước mắm □□□	느억맘 (피시 소스) □□□
nấu chín □□□	익히다 □□□
đun sôi □□□	끓이다 □□□
luộc □□□	삶다 □□□

nướng	굽다
đun sôi làm khô cạn	졸이다
trộn	비비다
rán (북) chiên (남)	튀기다
xào	볶다
ngon	맛있는

ngọt	달다
bùi	고소하다
đắng	쓰다
chua	시다
cay	맵다
nhạt	싱겁다
mặn	짜다

꿀팁! 부록

/ 핵심 품사 /

의문사	무엇, 무슨 **gì**	누가, 누구 **ai**	어느, 어떤 **nào**	어떻게 **thế nào**
	어디 **đâu**	언제 **khi nào / bao giờ / lúc nào**		왜 **tại sao / vì sao**
	몇 **bao nhiêu / mấy**		얼마 **bao nhiêu**	얼마나 **bao lâu**
조사	~에서 **ở**	~(으)로 **bằng**	~도 **cũng**	~만 **chỉ**
	~와 함께 **với / cùng**	~의 **của**		
부사	그리고 **và**	그런데 **nhưng / mà / nhưng mà**		그러면 **thế thì / vậy thì**
	그래서 **cho nên / nên / thế nên / vậy nên / chính vì thế / chính vì vậy**		하지만 **nhưng mà / tuy nhiên**	
	물론 **tất nhiên / dĩ nhiên**		아주 • **rất** + 동사/형용사 • 동사/형용사 + **quá/lắm**	

	조금 **ít**	잠깐 **một lát / một chút**		항상, 언제나 **luôn luôn**
	자주 **hay**	보통 **thường**	때때로 **thỉnh thoảng**	아주 가끔 **ít khi**
부정문	~이 아니다 **không phải là** + 명사		아니다 **không**	
	~하지 않다 **không** + 동사/형용사		~하지 못하다 **không** + 동사/형용사 + **được**	
청유/ 명령문	~해라 **hãy**	~하세요 **vui lòng**	~할까요? **~ chú?**	~하지 마세요 **đừng**
문장 연결	~해서 **nên**	~때문에 **vì**	~하면 **thì**	~지만 **nhưng / mà**
	~하거나 **hoặc, hay**	~하면서 **vừa ~ vừa ~**		

- **nếu ~ thì ~** 만약에 ~하면 ~하다
- **vì ~ nên ~** 왜냐하면 ~하기 때문에 ~하다
- **từ ~ đến ~** ~부터 ~까지
- **không phải A ~ mà là B ~** A가 아니라 B이다
- **càng ~ càng ~** ~하면 할수록 ~하다
- **vừa ~ vừa ~** ~하면서 ~하다
- **khi ~ thì ~** ~할 때 ~하다
- **tuy ~ nhưng ~** 비록 ~ 하지만 ~하다
- **không những A ~ mà còn B ~** A할 뿐만 아니라 B까지 하다
- **A thì ~ còn B thì ~** A는 ~하고 B는 ~하다

/ 한자 모음 /

뜻	한자	베트남어
사장	監督 감독	giám đốc
근로자	公認 공인	công nhân
주부	內助 내조	nội trợ
(초, 중, 고) 학생	學生 학생	học sinh
변호사	律師 율사	luật sư
선생님	敎師 교사	giáo viên
교수	敎授 교수	giáo sư
강사	講師 강사	giảng viên
통역사	通譯士 통역사	thông dịch viên
사업가	茹 (먹을) 여 / 經營 경영	nhà (茹) kinh doanh (經營)
프리랜서	自由 자유	người làm việc tự do
대통령	總統 총통	tổng thống
가수	歌手 가수	ca sĩ
의사	博士 박사	bác sĩ

뜻	한자	베트남어
학교	場 (마당) 장 / 學 (배울) 학	trường(場) học(學)
영화관	照 (비칠) 조	rạp chiếu phim
백화점, 무역센터	中心 중심 / 商賣 상매	trung tâm thương mại
은행	銀行 은행	ngân hàng
영사관	領事館 영사관	lãnh sự quán
아시아	亞洲 아주	Châu(洲) Á(亞)
동남아시아	東南亞 동남아	Đông Nam Á
유럽	歐洲 구주	Châu(洲) Âu(歐)
아프리카	阿洲 아주	Châu(洲) Phi(阿)
남아메리카	南美 남미	Nam Mỹ
북미	北美 북미	Bắc Mỹ
아메리카	美洲 미주	Châu(洲) Mỹ(美)
중동	中東 중동	Trung Đông
한국	韓國 한국	Hàn Quốc

뜻	한자	베트남어
베트남	越南 월남	Việt Nam
중국	中國 중국	Trung Quốc
일본	日本 일본	Nhật Bản
스페인	西班牙 서반아	Tây Ban Nha
영국	英國 영국	Anh Quốc
대만	臺灣 대만	Đài Loan
영국 사람	英人 영인	người Anh
화교	華 화	người Hoa
한자	漢字 한자	Hán tự
작년	年 (해) 년	năm trước
애인	愛人 애인	người yêu
운동을 하다	體育 체육	tập thể dục
음악을 듣다	樂 (즐거울) 락	nghe nhạc
독서하다	讀書 독서	đọc sách
언어공부를 하다	學 (배울) 학 / 言語 언어	học(學) ngôn ngữ(言語)

뜻	한자	베트남어
문학	文學 문학	văn học
역사	歷史 역사	lịch sử
철학	哲學 철학	triết học
사회	社會 사회	xã hội
수학	算 (셈) 산	toán
과학	科學 과학	khoa học
도덕	道德 도덕	đạo đức
문화	文化 문화	văn hóa
경제	經濟 경제	kinh tế
경영	經營 경영	kinh doanh
정치	政法 정법	chính trị
무역	商賣 상매	thương mại
행정	行政 행정	hành chính
회계	計算 계산	kế toán
법학	律學 율학	luật học

뜻	한자	베트남어
건축	建策 건책	kiến trúc
영문	英語 영어	Anh ngữ
국제	國際 국제	quốc tế
물류, 유통	流通 유통	lưu thông
패션	時裝 시장	thời trang
직원 채용을 하다	選人 선인	tuyển nhân viên
자기소개서	紹介 소개	bản giới thiệu về mình
경력	經驗 경험	kinh nghiệm
개인 사무실	文房個人 문방개인	văn phòng cá nhân
수출하다	出口 출구	xuất khẩu
수입하다	入口 입구	nhập khẩu
보고하다	報告 보고	báo cáo
계약하다	記 (기록할) 기 / 合同 합동	ký (記) hợp đồng(合同)
상품	産品 산품	sản phẩm
물품	行貨 행화	hàng hóa

뜻	한자	베트남어
서류	材料 재료	tài liệu
계획서	版 (판목) 판 / 計劃 계획	bản (版) kế hoạch (計劃)
행복한	幸福 행복	hạnh phúc
울다	哭 (울) 곡	khóc
불행한	不幸 불행	bất hạnh
다정다감한	多感 다감	đa cảm
착한	賢 (어질) 현	hiền
열정적인	熱情 열정	nhiệt tình
활동적인	能動 능동	năng động
성실한	勤苦 근고	cần cù
신중한	愼重 신중	thận trọng
욕심 있는	貪汚 탐기	tham lam
고집불통의	頑固 완고	ngoan cố
정직한	忠實 충실	trung thực
목	鼓 (북) 고	cổ

뜻	한자	베트남어
머리	頭 (머리) 두	đầu
체하다	消化 소화	khó tiêu hóa
감기에 걸리다	感 (느낄) 감	bị cảm
임신하다	胎 (아이 밸) 태	có mang / có thai
상처가 나다	傷 (다칠) 상	bị thương
동	東 (동녘) 동	Phía Đông
서	西 (서녘) 서	Phía Tây
남	南 (남녘) 남	Phía Nam
북	北 (북녘) 북	Phía Bắc
밖에	外 (바깥) 외	ở ngoài
트럭	車載 차재	xe tải
관광버스	客 (손) 객	xe khách / xe du lịch
배	水 (물) 수	tàu thủy / thuyền
사계절	务 (힘쓸) 무	bốn mùa
춘하추동	春夏秋冬 춘하추동	xuân hạ thu đông

뜻	한자	베트남어
건기	枯 (마를) 고	mùa khô
봄	春 (봄) 춘	mùa xuân
여름	夏 (여름) 하	mùa hè
가을	秋 (가을) 추	mùa thu
겨울	冬 (겨울) 동	mùa đông
꽃	花 (꽃) 화	hoa
호랑이	虎 (범) 호	con hổ
토끼	兔 (토끼) 토	con thỏ
고양이	猫 (고양이) 묘	con mèo
용	龍 (용) 룡	con rồng
가격표	價 (값) 가	giá cả
손님	客行 객행	khách hàng
잔돈	錢 (돈) 전	tiền lẻ
윗옷	襖 (웃옷) 오	áo
바지	裙 (치마) 군	quần

뜻	한자	베트남어
겨울 외투	冬 (겨울) 동	áo khoác đông
정장	裝服 장복	trang phục công sở
운동화	體操 체조	giày thể thao
액세서리	裝飾 장식	đồ trang sức
향수	花 (꽃) 화	nước hoa
화장품	品 (물건) 품	mỹ phẩm
금색	金 (쇠) 금	màu vàng kim
은색	箔 (발) 박	màu bạc
분홍색	紅 (붉을) 홍	màu hồng
간장	醬 (장) 장	nước tương
후추	椒 (산초나무) 초	tiêu